Ilse Stukenbrock-Sternberg
ACHTUNG, ABRUTSCHGEFAHR!

Möge Dir Dieses Buch
bei Deinen Fragen
eine kleine Hilfe sein.

Rolf.

Ilse Stukenbrock-Sternberg

ACHTUNG! Abrutsch-Gefahr

Umstrittene Themen klar erklärt

Verlag Schulte + Gerth, Aßlar

Best.-Nr. 15 571
ISBN 3-87739-571-6
1. Auflage 1985
Umschlaggestaltung: Gisela Scheer
Satz: Typostudio Rücker & Schmidt
Druck und Verarbeitung: Elsnerdruck, Berlin
Printed in Germany

Inhalt

Der Start ist entscheidend: „Jesus macht glücklich" oder „Tut Buße!"

Etwas bitter und gequält kam es über die Lippen des kräftigen Mannes, der vor uns saß: „Wenn ich gewußt hätte, daß ein Leben der Nachfolge Jesu so schwer ist, dann hätte ich mir meine Übergabe an Jesus wohl doch noch überlegt." Er war drauf und dran, alles hinzuwerfen und seine Erfahrungen mit Jesus zu vergessen. In dieser Anfechtung, bedrückt durch Versagen, sah er nur noch riesige Forderungen und einen harten Gott dahinter. So wollte er nicht mehr weitermachen. Aber was war falsch gelaufen?

Nun, dieser Mann ist kein Einzelfall. Es war nicht schwer, herauszufinden, daß schon sein Start, als er sein Leben bewußt Jesus übergab, einseitig ausgerichtet war. Wenn man in der Verkündigung hört, daß Jesus Christus durch Sein Opfer die Sünden weggenommen hat, daß Er Befreiung schenkt und unser Leben glücklich machen will, dann ist das nur die *eine* Seite. Wer so verkündigt, betont Gottes Seite. Aber sie steht in einer Wechselbeziehung zu der Seite des Menschen. Und die Seite des Menschen muß unbedingt auch erwähnt werden, sonst haben wir nicht die richtige Ausgewogenheit. Von seiten des Menschen ist Erkenntnis seiner Sünden und seiner Verlorenheit nötig, und diese Erkenntnis sollte zu einer tiefgreifenden Umkehr führen. Die Wiedergutmachung darf auch nicht fehlen, damit die Vergebung wirksam werden kann. Um die Befreiung von okkulten Mächten zu erfahren, sind Bekenntnis und Lossage notwendig und die Vernichtung alles dessen, was damit zusammenhing. Danach gilt es einzutreten in den geistlichen Kampf. Man kann sich nicht einfach treiben- und hängenlassen.

Ähnlich ist es mit der Überwindung der Sünden, in die wir immer wieder fallen. Da gibt es auch die Seite Gottes, und es gibt unseren Teil, den wir erfüllen müssen. Es gibt wohl kaum ein besseres und anschaulicheres Beispiel dieses doppelten Geschehens in der Bibel als das des Volkes Israel unter der Knechtschaft der Ägypter und seine Wanderung durch die Wüste. Die Bibel zeigt uns unmißverständlich, wie Gott handelt und was der Mensch zu tun hat. Beide Seiten muß man im Auge behalten. Sonst geraten wir auf eine „schiefe Bahn", werden einseitig, extrem oder gesetzlich. Wenn die Gemeinde, die Kinder Gottes, nur die Bibel mehr und im Zusammenhang lesen würden, wenn sie das Alte Testament studierten, blieben wir bewahrt vor so vielen Fehlern, die in der Vergangenheit gemacht wurden und auch in der Gegenwart vorkommen.

Stellen wir uns einmal vor, wir wären die Israeliten, die zu Sklaven degradiert wurden und in Ägypten unter der brütend heißen Sonne Ziegelsteine herstellen mußten. Aber nicht etwa so viele Steine, wie wir bei der Hitze, ohne uns kaputtzumachen, schaffen können, nein, unter den Augen strenger Aufseher müßten wir schuften von früh bis spät. Wer es nicht schafft, würde die unbarmherzigen Schläge der Peitsche zu spüren bekommen, ganz abgesehen davon, daß wir dauernd angeschrien und beschimpft würden.

Die Israeliten waren schließlich so weit, daß sie zum Herrn schrien. Sie „sprachen“ keine Gebete, um es auch mal mit dem Gott ihrer Väter zu versuchen, nein, sie schrien zum Herrn. Alle anderen Möglichkeiten hatten sie sicher schon ausgeschöpft. Es blieb nur noch dieser Weg als einzige Hilfe offen. Das sind die besten Voraussetzungen für einen rechten Auszug, wobei nichts, aber auch gar nichts in Ägypten zurückbleibt. Gott nennt Ägypten in 2. Mose 20,2 das „Haus der Knechtschaft“, und in 5. Mose 4,20 wird Ägypten mit einem „eisernen Schmelzofen“ verglichen.

Auch wir alle leben, wenn wir nicht wiedergeboren sind, im „Haus der Knechtschaft“, nämlich unter dem „Fürsten dieser Welt“, im Machtbereich Satans. Dieses „Haus der Knechtschaft“ sollte uns auch zu einem „Schmelzofen“ werden. Der Boden unter den Füßen muß uns zu heiß werden, damit wir zum Herrn schreien, weil wir mit allen Versuchen, uns selbst zu helfen oder andere Hilfsquellen anzuzapfen, am Ende sind. Das ist auch für den Menschen von heute die beste Voraussetzung, zu einer klaren Umkehr zu kommen, oder, bildlich gesprochen, sein „Ägypten“ mit allen Konsequenzen hinter sich zu lassen. Daß das so selten geschieht und so viel hinterher nachzuholen und zu korrigieren ist, liegt sicher mit daran, daß es den Menschen heute so leichtgemacht wird, sich für Jesus zu entscheiden. Man muß nur die Hand heben, ein allgemeines Gebet nachsprechen und kann dann oftmals nach Hause gehen, als ob damit alles getan sei. Es kommt sogar vor, daß Evangelisten dazu auffordern, „es mit Jesus zu versuchen“. Das finde ich nahezu gotteslästerlich. Wer ist denn Jesus Christus, daß man es mit Ihm auch noch als Ausweg „versuchen“ kann? Wenn Er es mit uns „versucht“ und immer wieder versucht, dann haben wir allen Grund dankbar zu sein.

Gott hatte damals viel Zeit. Er wartete so lange, bis die Israeliten zu Ihm „schrien“. Sie litten, sie seufzten, sie wollten nicht mehr unter dieser Tyrannei leben. Auch mit Mose ließ sich Gott viel Zeit. Als Mose dachte, er sei der rechte Mann, um für Gerechtigkeit und Ordnung zu sorgen, und er seine Art von „Befreiungstheologie“ anwandte und den Ägypter, der einem Israeliten Unrecht getan hatte, erschlug, da mußte Mose in die Wüste fliehen. Gott bereitete ihn dort zu, veränderte sein Denken, formte seinen Charakter um, bis Mose nach 40 Jahren Zubereitung so weit war, daß Gott ihn gebrauchen konnte. Mose selbst war dann allerdings anderer Meinung. Er hielt sich für untauglich. Doch das war die beste Voraussetzung für den Auftrag, den er zu erfüllen hatte.

Zeichen und Wunder oder „nur“ das Wort?

Noch etwas ist mir aufgefallen, was dem Volk Israel damals half, nicht nur zu dem Gott ihrer Väter zu schreien, sondern Ihm auch zu vertrauen. Sie sahen Seine Macht durch ungewöhnliche Zeichen und Wunder. Mose wurde auf diese Weise vor Pharao beglaubigt. Gott wußte, daß Worte allein nicht genug sind, deshalb befahl Er Mose, nicht nur vor Pharao, sondern zuerst vor dem Volk Israel Wunder zu tun, damit es nicht nur Mose, sondern vor allem Gott vertraute (2. Mose 4,30-31). Gott betonte sogar, daß Mose und das Volk etwas *sehen* sollten, damit sie vertrauen (5. Mose 11,7). Die Zeichen und Wunder geschahen also nicht nur, damit Pharao das Volk endlich ziehen ließ, sondern auch, damit die Israeliten ihrem Gott vertrauten. *„Ihr habt gesehen“,* sagt Gott (2. Mose 19,4). Und was hatten sie alles gesehen! Wenn Gott sich so offenbart, daß die Ägypter geplagt werden mit Seuchen, Hagel, Heuschrecken und schließlich mit einer dreitägigen Finsternis und eine haarscharfe Trennung besteht zu den Israeliten, ihren Feldern und ihrem Vieh, weil sie das alles nicht trifft – dann kann man dieses Geschehen nicht mehr als zufällig wegdiskutieren. Diese Machterweise sind eindeutig Gottes Eingreifen. Man stelle sich vor: es ist drei Tage lang stockfinster, und nur im Lande Gosen bei den Israeliten ist es hell. Jeder konnte sich davon überzeugen, und kein Magier oder Zauberer oder wer auch immer konnte das nachmachen. Auch Jesus sagte: „Glaubt doch um der Werke (Zeichen) willen“ (Joh. 10,38). Nikodemus hatte das begriffen; denn er sagte zu Jesus: „Niemand kann die Zeichen tun, die du tust, es sei denn Gott mit ihm“ (Joh. 3,2). Für ihn waren die Zeichen die Beglaubigung, daß Jesus von Gott gesandt war. Auch die Jünger erwarteten diese Beglaubigung, denn Jesus hatte sie ihnen in Markus 16,17-18 verheißen:

> „Die Zeichen aber, die denen folgen werden, die glauben, sind diese: in meinem Namen werden sie böse Geister austreiben, in neuen Zungen reden, Schlangen mit den Händen hochheben, und wenn sie etwas Tödliches trinken, wird's ihnen nicht schaden; Kranken werden sie die Hände auflegen, und sie werden gesund werden.“

Nach Hebräer 2,4 geschah es so, denn Gott beglaubigte seine Boten durch „Zeichen, Wunder und mancherlei mächtige Taten“.

Mit Sicherheit sähe es heute in Europa anders aus, wenn wir Gott wieder so erlebten! Seine Diener und Dienerinnen sollten sich vor Gott demütigen und Ihn anflehen, daß Er die Verkündigung seines Wortes begleiten möchte mit Zeichen und Wundern. Dann hätten die Menschen wieder etwas zu sehen, und das Vertrauen auf den Herrn würde leichter fallen. Ich weiß wohl, daß man darauf erwidern kann, daß die Israeliten damals, als Jesus unter ihnen weilte und mächtige Zeichen und Wunder tat, trotzdem nicht glaubten. Aber einmal darf man das wohl nicht so pauschal sagen; denn es betraf ja längst nicht alle Israeliten. Und zum anderen sagt Jesus selbst sehr klar, daß wir um der Zeichen willen vertrauen sollten. Sie sind der Ausweis der Bevollmächtigung durch Gott (Joh. 10,37-38; Matth. 11,4-5).

Und das ist wohl heute noch so. Ich habe mich während meines Dienstes in dieser Frage auch sehr korrigieren müssen; denn so hatte ich es während meiner Ausbildung nicht gelernt. Doch die geringen Ergebnisse im Dienst bei aller Treue und Hingabe und die Diskrepanz zwischen dem, was ich erlebte, und dem, was ich in der Apostelgeschichte las, machten mich offen für eine neue Schau und schließlich für neue Erfahrungen mit der Kraft des Heiligen Geistes.

Das Abendmahl – Erinnerung oder mehr?

Gott ließ die Israeliten in Ägypten viel von Seiner Macht und Herrlichkeit sehen. Das letzte, was sie vor ihrem Auszug sahen, war das Sterben der Erstgeborenen in den Häusern der Ägypter und auch bei ihrem Vieh. Eigentlich hätte auch bei den Israeliten der älteste Sohn und damit der Erbe und Vertreter der Familie sterben müssen. Gott konnte dieses Volk so, wie es war, nicht annehmen. Darum verordnete Er einen Stellvertreter, ein Schaf oder einen Ziegenbock, der geschlachtet werden mußte. In 2. Mose 12 gibt Gott ganz genaue Anweisungen dafür, die eingehalten werden mußten. Gott bestimmte, wie die Erlösung Seines Volkes und seine Befreiung von Pharao und den Ägyptern vor sich gehen sollte. Am 10. Tag des 1. Monats mußte jeder Hausvater für seine ganze Familie ein einjähriges Lamm von den Schafen oder Ziegen aussondern. War die Familie zu klein, so daß sie es allein nicht aufessen konnte, dann mußte die Nachbarfamilie dazu eingeladen werden. So entstand Gemeinschaft. Mittelpunkt der Gemeinschaft war das Lamm. Gute drei Tage mußte das Tier beobachtet werden, ob es sich als fehlerlos erwies.

Schon darin sehen wir die Parallelen zu unserem Passahlamm, Jesus Christus. Auch Er erwies sich als fehlerlos, nicht nur vor den Menschen, sondern vor der ganzen unsichtbaren Welt des Lichtes und der Finsternis, und das nicht für drei Tage, sondern für gut dreißig Jahre. Am Abend des 14. Tages wurde das Lamm geschlachtet. Das Blut des Opfertieres mußte aufgefangen und die beiden Türpfosten und der obere Türbalken mußten damit bestrichen werden, und zwar von außen, damit der Würgeengel sah, daß in diesem Haus bereits jemand gestorben war. Das Blut sollte das Zeichen sein. Das Blut war also überaus wichtig. Fehlte es, so half es gar nicht, wenn drinnen die Familie um das gebratene Tier versammelt war und alles andere mit den Anordnungen Gottes übereinstimmte. Das Blut war das Zeichen. Diesen Schutz brauchten sie. Hinter diesem Blut an der Tür waren sie geborgen. Es schützte sie vor dem Würgeengel (Ps. 78,49), und es trennte sie von der Welt, die sie umgab! Das Blut an den Türpfosten deutet an, daß nur so Gemeinschaft mit den Menschen möglich ist, und das Blut am oberen Türbalken zeigt, daß nur so die Gemeinschaft mit Gott verwirklicht werden kann. Nehmen wir das „Blut des Lammes", d. h. das Blut Jesu, aus der Bibel heraus und somit das Kreuz Jesu Christi, wo dieses Blut vergossen wurde, dann haben wir uns der Grundlage der Erlösung beraubt. „Ohne Blutvergießen geschieht keine Vergebung" (Hebr. 9,22). „Wir haben die Erlösung durch Sein Blut" (Eph. 1,7) und durch nichts anderes.

Doch das Blut ist nur ein Teil der Erlösung. Gott wollte, daß die Familien, die in jener Nacht um das gebratene Lamm versammelt waren, daran teilhatten. Sie sollten es essen. Durch das Essen dieses Fleisches hatten sie teil an seinem Leben (Joh. 6,54). Es sollte nicht nur Gegenstand der Betrachtung sein, sie mußten es sich „einverleiben", wenn man so sagen darf. So wurde es zur Nahrung für sie. Bei diesem

Essen waren alle dabei. Es gab keine Generationsprobleme. Und es mußte alles gegessen werden, was eßbar war. Man konnte sich nicht die besten Stücke aussuchen, die, die leicht zu essen waren, wie die Brust und die Schenkel, und das, was mühsamer zu essen war, liegenlassen. Das ging nicht!

Es geht auch heute noch nicht. Entweder haben wir teil am Leben Jesu Christi, dann können wir nicht sortieren, was uns „schmeckt", und die mühsameren Anweisungen auslassen. Wenn wir es dennoch tun, wird es mit unserem „Auszug aus Ägypten" nicht recht klappen und mit der Gemeinschaft auch nicht. Alle Reste des Lammes mußten verbrannt werden. Es durfte nichts übrigbleiben bis zum nächsten Tag. Damit will uns der Herr eine eindrückliche Lektion beibringen. Man sollte den Gehorsam gegen bestimmte Wahrheiten der Schrift nie auf den nächsten Tag verschieben oder noch weiter in die Zukunft verlegen; denn dann „schmeckt" er uns nicht mehr.

Bittere Kräuter gehörten dazu. Sie sollten an die Bitterkeit des Lebens unter Pharao erinnern. Gott war das so wichtig, daß Er befahl, dieses „Passahfest" jedes Jahr zu feiern, und die bitteren Kräuter sollten nicht fehlen. Manches Kind Gottes hat es heute nötig, sich der Bitterkeit des „Lebens unter Pharao" wieder zu erinnern, um dankbarer zu werden für die Erlösung. Außerdem hatte Gott befohlen, daß nur ungesäuertes Brot zu dem Lamm gegessen werden durfte. Wir werden im nächsten Kapitel noch darüber sprechen, was es mit dem ungesäuerten Brot auf sich hat. Reisefertig, in Aufbruchstimmung, sollte das Lamm verzehrt werden. Alle hatten ihre Sandalen an den Füßen und die Wanderstöcke griffbereit. Alles mußte in Eile geschehen. Die Israeliten wußten: hier bleiben wir nicht länger, hier ist nicht mehr unsere Heimat; jetzt werden wir Pilger und Fremdlinge, es geht fort von hier. Mit welcher Spannung und Erwartung und inneren Freude und Erleichterung werden sie das Lamm damals gegessen haben! Bald sind wir aus Ägypten heraus, weg aus dem Machtbereich Pharaos! Dann können wir endlich leben! Noch in derselben Nacht geschahen der Aufbruch und der Auszug.

Dieses nächtliche Mahl, das Passahmal, sollte – so bestimmte es Gott – jedes Jahr zur Erinnerung gefeiert werden. Gottes Festkalender für Sein Volk Israel begann überhaupt mit diesem Fest. Es sollte dem Volk tief eingeprägt werden, daß Erlösung nur durch den Stellvertreter, der sein Blut hingibt, möglich ist, und nur nach Gottes Weise, entsprechend Seinen Vorschriften. Der einzelne hatte nur zu gehorchen und mußte durch das Essen teilhaben an dem Lamm. Wir wissen aus dem Hebräerbrief, daß das Blut von Tieren nicht genügt, um Sünde zu sühnen. Jesus Christus, unser „Passahlamm", der Sohn Gottes, gab Sein Leben für uns, und das ist die göttlich vollkommene Erfüllung des Passahfestes. Schon Johannes der Täufer wies auf Jesus hin und sagte: „Siehe, das ist Gottes Lamm, welches der Welt Sünde trägt" (Joh. 1,29). Und er dachte dabei sicherlich auch an das Passahlamm.

Als Jesus unmittelbar vor Seiner Kreuzigung das Passahmahl, das damals schon manche Ausschmükkung erfahren hatte, mit seinen Jüngern feierte, schloß Er daran eine weitere Mahlzeit an: ein *Bundesmahl.* Denn Er spricht ja von einem „neuen Bund", der damit geschlossen wird. Für dieses Bundesmahl wählt Er Brot und Wein und sagt, während Er den Jüngern das Brot reicht: „Das ist mein Leib, der für euch gegeben wird; das tut zu meinem Gedächtnis" (Luk. 22,19). Und als Er den Kelch nahm, reichte er ihn weiter mit den Worten: „Dieser Kelch ist der neue Bund in meinem Blut, das für euch vergossen wird" (Luk. 22,20). „Das tut zu meinem Gedächtnis", so wird es meist übersetzt und auch in unserer Zeit beim Abendmahl gesagt. Man kann dieses Verb aber auch, wie es dort und in 1. Korinther 11,24-25 steht, transitiv übersetzen. Dann würde es heißen: „Solches tut, um mich in Erinnerung zu bringen." Damit ist nicht gemeint, daß wir uns durch die Feier dieses Mahles an das Opfer Jesu erinnern sollen, sondern durch die Feier bringen wir es einem anderen in Erinnerung. Dieser andere könnte Satan sein und mit ihm die ganze Welt der Finsternis, was dem Bundesmahl im Alten Testament eher entspricht. Dann würde jede Feier des Abendmahls eine Proklamation des Sieges Jesu vor der unsichtbaren Welt sein und gleichzeitig unsere Bestätigung des Neuen Bundes, indem wir durch das Essen des Brotes und Trinken des Weins ausdrücken: wir wollen bei diesem Bund mit Jesus bleiben.

Sieht man es so, dann ist verständlich, daß die Gemeinde in der Apostelgeschichte dieses Mahl des Neuen Bundes nicht nur jährlich einmal feierte, sondern immer wieder hin und her in den Häusern (Apg. 2,42+46). Dann wird auch verständlich, daß dieses Bundesmahl nur für die ist, die in diesen Bund eingetreten sind und deren Leben mit Gott und den Menschen in Ordnung ist. Denn sonst ist das Bekenntnis vor der unsichtbaren Welt lächerlich. Und natürlich fehlt dann auch jede Freude an der Feier des Abendmahls.

Es ist sehr, sehr schade, daß wir daraus weitgehend ein Erinnerungsmahl für uns selbst gemacht haben, oder, was noch fragwürdiger ist, eine Möglichkeit zur Vergebung der Sünden. Wenn man das Mahl nicht aus dem ganzen geschichtlichen Hintergrund herauslöst, dann sollte klar sein, daß es mehr ist als eine Erinnerungshilfe, die ein Kind Gottes doch eigentlich nicht nötig hat. Ein Gotteskind dankt doch jeden Tag für die Erlösung! Aber wenn ich in Gemeinschaft mit anderen Gliedern Seines Leibes den Bund bestätige und damit vor der unsichtbaren Welt in Erinnerung bringe, daß wir alle dabeibleiben wollen, dann stärkt das den Glauben, bringt Freude durch das Bekenntnis zu Jesus und hat eine ganz andere geistliche Wirkung in der unsichtbaren Welt, als wenn ich es nur zur Erinnerung feiere.

Der Neue Bund –
mit Israel oder mit der Gemeinde

Übrigens sollte man sich auch vor Augen halten, daß der Neue Bund, den Jesus mit diesem Abendmahl einsetzte, nach dem Propheten Jeremia ein Bund ist, der ausschließlich mit dem Hause Israel und dem Hause Juda geschlossen ist:

> „Siehe, es kommt die Zeit, spricht der Herr, da will ich mit dem Hause Israel und mit dem Hause Juda einen neuen Bund schließen" (Jer. 31,31).

Daran hat sich auch seit Pfingsten oder später, als Nichtjuden zur Gemeinde kamen, nichts geändert. Sie wurden in den Ölbaum Israel und Juda eingepfropft und wurden so teilhaftig des Saftes und der Wurzeln des Ölbaums. So steht es in Römer 11,17+18:

> „Wenn aber nun einige von den Zweigen ausgebrochen wurden und du, der du ein wilder Ölzweig warst, in den edlen Ölbaum eingepfropft worden bist und an dem Saft aus seiner Wurzel Anteil bekommen hast, so rühme dich nicht gegenüber jenen Zweigen. Rühmst du dich aber doch, so sollst du wissen, daß nicht du die Wurzel trägst, sondern die Wurzel trägt dich."

In der Natur ist es unmöglich, daß ein eingepfropfter Zweig, der sich von dem Baum, der ihn trug, löst, dann noch lebensfähig ist und Frucht bringen kann. Aber manches Kind Gottes meint, so etwas in seinem geistlichen Leben tun zu können, und wundert sich dann, wenn das geistliche Leben schwindet und von Frucht nichts mehr zu sehen ist. In dem Maße, wie ein Kind Gottes aus den Nichtjuden seine Abhängigkeit vom Volk Israel leugnet und ignoriert, wird es den „Saft“ entbehren müssen, der von dem „Ölbaum“ eigentlich auch die eingepfropften Zweige mit Leben erfüllen sollte. Ohne Bild heißt das: solche Kinder Gottes bringen sich um einen entscheidenden Segen. Wie weit sich die Gemeinde vom „Ölbaum“ entfernt hat, wird schon an dem geringen Interesse, das dem Alten Testament entgegengebracht wird, deutlich und an dem Maß, wie viel oder auch wie wenig für das heutige Volk Israel und insbesondere für die messiasgläubigen Juden gebetet wird. Wenn den Kindern Gottes heute weltweit wieder aufginge, wo ihre Wurzeln liegen, dann würden sie auch verstehen, weshalb Gott es für so wichtig hielt, uns Sein Wort, die Bibel, mit der ausführlichen Geschichte des Volkes Israel zu geben. Dann würden sie verstehen, daß es ja ihre Geschichte ist, ihre Urväter sind. Und was für einen Gebetseinsatz für das heutige Israel würde das bewirken! Die Auswirkungen würden bald offenbar.

In diesem Zusammenhang ist es dann auch typisch, daß wir nicht an Gottes Festkalender festgehalten haben, in dem das Passahfest – unser Karfreitag – an der Spitze der Feste steht. Statt dessen haben wir uns ein Fest dazugemacht, eines, was Gott offenbar nie wollte, nämlich das Weihnachtsfest, wo wir die Geburt Jesu feiern. Denn nirgendwo in der Bibel ist uns der genaue Zeitpunkt dieses Ereignisses berichtet worden. Zweifellos wußte Gott, was die Menschen aus diesem Tag machen würden und auch gemacht haben. Ein Kind in der Krippe ist ja auch ziemlich harmlos. Es erhebt weiter keine Ansprüche an unser Leben. Mit dem Tod Jesu verhält es sich ganz anders. Wer diesen Tag richtig feiert, so wie das Volk Israel damals in Ägypten, der kann nach der Teilhabe an seinem Stellvertreter nicht mehr der gleiche sein. Denn als das Volk noch in der Nacht in Eile aufbrach, da hatte sich fast schlagartig eine ganze Menge geändert: sie hatten einen neuen Herrn, nicht mehr Pharao, sondern Gott. Sie hatten einen neuen Lebensstil: sie lebten in Zelten, waren unterwegs. Sie erlebten eine neue Führung: durch die Wolken- und Feuersäule. Bald erhielten sie eine neue Ordnung: die Zehn Gebote. Es gab eine neue Versorgung: das Manna und das Wasser aus dem Felsen. Sie hatten einen neuen Schutz: den Engel des Herrn. Sie hatten ein neues Ziel: Kanaan. Und sie bekamen neue Feste, die nur für das Volk Gottes bestimmt waren, nicht für die Welt. Wahrlich, ein Neues war geworden.

Wie nötig ist es heute, daß die Festfeiern der Gläubigen sich wieder radikal unterscheiden von den Feiern der Welt!

Der Sauerteig in der Bibel – ein „heißes Eisen“

Einen Punkt haben wir noch nicht genügend betrachtet, und zwar die Anordnung Gottes, daß weder zum Passahlamm noch in den folgenden sieben Tagen Sauerteig gegessen werden durfte. Wer dieses Gebot mißachtet, „dessen Seele soll ausgerottet werden aus dem Volk“. Zweimal betont Gott diese Drohung in 2. Mose 12, in Vers 15 und Vers 19. Nehmen wir die neutestamentliche Bedeutung dazu, dann verstehen wir besser, warum Gott sagt, daß der, der trotzdem Sauerteig zu sich nimmt, sterben wird. Er wird auch heute noch geistlich sterben. Wenn hier die Zahl 7 auftaucht, die Zahl der Vollkommenheit, dann darf man wohl daraus schließen, daß Gott damit kundtun wollte, daß fortan der „Sauerteig“ im übertragenen Sinn überhaupt nicht mehr in die Häuser Seiner Kinder gehört. Gott nimmt das sehr ernst.

Schauen wir uns die betreffenden Stellen einmal an: in Lukas 12,1 wird von dem „Sauerteig der Pharisäer“ gesprochen, „welches ist die Heuchelei“. Jemand, der heuchelt, tut das bewußt. Er will mehr scheinen, als er in Wirklichkeit ist. So kann man durch lange Gebete den Eindruck erwecken wollen, daß man sehr geistlich ist und ein großer Beter, und in Wirklichkeit weiß derjenige selbst nur zu gut, wie dürftig sein Gebetsleben tatsächlich ist. Auch Vollmacht meinen einige Verkündiger durch Pathos oder Lautstärke ersetzen zu können. Man kann in der

Öffentlichkeit mit einem frommen Wortschatz umgehen, aber im verborgenen ein sittenloses Leben führen. Wenn ich an die Zeit zurückdenke, wo wir noch in einem Pfarrhaus wohnten und so mancher an unsere Tür kam – Nichtseßhafte, wie man sie heute nennt –, dann hörten wir oft viele fromme Worte, die gesagt wurden, um uns schneller zu bewegen, Geld zu geben, das dann in der nächsten Gastwirtschaft wieder in Alkohol umgesetzt werden konnte. Diese Beobachtungen machten wir mehr als einmal. Man spürt die Heuchelei.

Im Galaterbrief, Kapitel 5,6-10, spricht Paulus von einem anderen Sauerteig, einem „Sauerteig", der „verwirrt". Damals waren es die Judaisten, die verkündigten, daß die Erlösung durch den Opfertod Jesu allein noch nicht zum richtigen Christen macht. Die Beschneidung müsse hinzukommen, dann erst sei die Sache richtig. Sooft wir mit einer solchen Lehre konfrontiert werden, die besagt, daß noch etwas hinzukommen müßte, um ein glaubwürdiger Christ zu sein, haben wir es mit solchem „Sauerteig" zu tun, der, wenn erst auch nur ein wenig davon vorhanden ist, bald „den ganzen Teig durchsäuert". Natürlich wird kaum eine Gemeinschaft zugeben, daß das Werk von Golgatha, das Opfer Jesu Christi, allein nicht genügt. Man wird vielleicht sogar betonen, daß es genügt, und wer diesem Jesus durch eine bewußte Hinwendung zu Ihm angehört, der sei wiedergeboren. Doch das Verhalten einer solchen Gruppe von Gläubigen oder einer Gemeinschaft, in der dieser Sauerteig vorhanden ist, läßt die anderen Kinder Gottes spüren, daß bei ihnen noch nicht alles stimmt, wenn dieses oder jenes bei ihnen nicht mit der Gruppe übereinstimmt – ob es nun um das Tragen von langen Hosen und kurzen Haaren bei Mädchen und Frauen geht, um Krawatten bei den Männern oder gar um das Kopftuch für die Frauen. So kann man auch die Frömmigkeit messen wollen an der Gebetshaltung, „Wer nicht niederkniet, ist nicht demütig", oder „Wer einen Fernseher hat, ist weltlich".

„Wer Schmuck trägt, bei dem ist auch noch nicht alles in Ordnung." Sie können diese Liste sicher noch verlängern.

Ich selbst erinnere mich noch gut an die Situation, als die erste amerikanische Gruppe in das Missionsseminar kam, das ich Anfang der fünfziger Jahre in der Schweiz besuchte. Alle Schüler und Schülerinnen waren unten in der großen Empfangshalle versammelt, um diese Gruppe mit englischen Chorussen zu begrüßen. Dann kamen sie endlich, und wir staunten nicht wenig über die Stöckelschuhe, die gefärbten Lippen und kurzen Haare bei den Frauen. Für unsere Begriffe war eine solche Aufmachung nicht passend für Kinder Gottes, und wir hatten auch die entsprechenden Bibelverse im Kopf, die unsere Meinung untermauerten – so dachten wir. Ich entdeckte mich bei dem Gedanken: „Ob diese Frauen überhaupt wiedergeboren sind?" und kritisierte sie in meinem Herzen. Wie mag Gott wohl darüber gedacht haben? War unser Dünkel nicht schlimmer als die gefärbten Lippen? Damals wußte ich noch nicht, wie wichtig es ist, daß wir die Gepflogenheiten unserer Kultur nicht zum Maßstab machen dürfen für alle anderen Kulturen. Was bei uns nicht passend ist, kann in einem anderen Land vollkommmen normal und schicklich sein.

Gott hat es gefallen, uns Sein Wort zu geben, eingebettet in die orientalische Kultur von vor 2000 Jahren. Die Dinge, die eindeutig zu der damaligen Kultur gehören, müssen wir in unsere Kultur umsetzen. Da ist nicht der Buchstabe entscheidend, sondern die geistliche Wahrheit, die Gott uns damit klarmachen möchte. So wäre z. B. die Anwendung der Fußwaschung in unserem Land sehr kompliziert und unnötig; denn unsere Füße werden nicht staubig. Wir tragen Strümpfe und Schuhe. Bei uns erquickt man seinen Gast anders und kann ihm auf andere Weise eine Wohltat erzeigen. Die Erniedrigung, Sklavendienst zu tun – wie Jesus in Johannes 13 –, ist uns gar nicht mehr bekannt. Aber in anderen Ländern spielt das noch eine ganz andere Rolle. Auch der „heilige Kuß" gehört in die damalige Zeit und Kultur, ebenso das „Grüßen unterwegs". Daß z. B. dem Knecht Elisas das Grüßen unterwegs verboten war, verstehen wir nur, wenn wir wissen, daß damals im Orient zu einem Grüßen ein langer, zeitraubender Austausch über die jeweiligen Familienverhältnisse gehörte. Ebenso gehört das Tragen des „Kopftuches" in die damalige Kultur und auch der *eine* Kelch beim Abendmahl, aus dem alle tranken.

Auch hier müssen wir die Balance halten und aufpassen, daß wir nicht dieser Form des „Sauerteigs" zum Opfer fallen. Natürlich gibt es Merkmale, an denen wir einen wirklichen Christen sofort nach seiner Wiedergeburt erkennen können. Aber die zeigen sich nicht zuerst in äußeren Dingen, sondern in einem starken Bedürfnis nach Gemeinschaft mit anderen Gläubigen, in seinem Hunger nach dem Wort Gottes und dem Gebet. Ein solcher Christ wird, je nach Temperament, das Bedürfnis haben, von seiner Erfahrung mit dem Herrn anderen zu berichten. Später wird man ihn dann zusätzlich „an der Frucht" erkennen, wie Jesus es gesagt hat, an der Frucht des Geistes: an seiner Liebe, seiner Freude, dem Frieden, der Geduld, seiner Freundlichkeit und Güte, seiner Treue und Sanftmut und an seiner Sebstbeherrschung (Galater 5,22). Diese Frucht braucht Zeit zum wachsen! Manche wächst schneller, manche braucht sehr lange.

In 1. Korinther 5,6-8 benützt Paulus noch einmal das Bild des Sauerteigs:

> „Euer Rühmen ist nicht gut. Wißt ihr nicht, daß ein wenig Sauerteig den ganzen Teig durchsäuert? Darum fegt den alten Sauerteig aus, damit ihr ein neuer Teig seid, wie ihr ja wirklich ungesäuert seid. Denn unser Passahlamm ist schon geopfert, das ist Christus. Darum laßt uns das Fest feiern, nicht im alten Sauerteig, auch nicht im Sauerteig der Bosheit und Schlechtigkeit, sondern im ungesäuerten Teig der Lauterkeit und Wahrheit."

Er stellt den „Sauerteig der Bosheit und Schlechtikeit" dem „Süßteig der Lauterkeit und Wahrheit" gegenüber. Was er mit „Sauerteig" meint, beschreibt er dann in den weiteren Versen. Man ist überrascht, daß es solche Probleme damals schon in der Gemeinde gab. Denn unter „Bosheit und Schlechtigkeit" versteht er Unzucht, das Hängen am Geld, die Verehrung von Götzen, Verleumden, Trunksucht und Rauben. Er gibt den Rat: „Reinigt euch! Entfernt den alten Sauerteig, damit ihr ein frischer, ungesäuerter Teig werdet!"

Wie viel von diesem „Sauerteig" gärt heute in den Gemeinden! Gott möchte, daß wir wie der ungesäuerte Teig sind, lauter, d. h. durchsichtig und transparent, in allem klar und wahr. Das ist gar nicht so einfach und kann ziemliche Konsequenzen mit sich bringen. Doch dann sind wir im Willen Gottes, und das segnet unser Vater im Himmel.

Dem „ungesäuerten Teig“ entsprach das ganze Leben Jesu. Deshalb nimmt die Bibel diesen Vergleich für uns. Das Leben Jesu von Seiner Geburt an wird dargestellt in dem Speisopfer des Alten Testaments. Weil ein einziges Opfer niemals das Wesen Jesu umfassend darstellen konnte, wählte Gott fünf Opfer, von denen jedes jeweils einen Bereich des Lebens Jesu vorschattete. Das Speisopfer, ohne Sauerteig, ist ein Bild für Sein vollkommenes Leben. Wo Er auch war, in welcher Gesellschaft auch immer, Er war allezeit vollkommen. Ob Er zu Kindern sprach, von Frauen umgeben war, von Seinen Jüngern oder Seinen Feinden, es fand sich keine Spur von „Sauerteig“.

Salz gehörte in das Speisopfer. Salz soll auch unsere Rede würzen. Salz verhütet Fäulnis, macht schmackhaft, läßt Eis schmelzen, kann aber auch in Wunden brennen. Honig gehörte nicht hinein – nichts Süßliches, Sentimentales.

Das Speisopfer war „mit Öl gemengt“, ein Bild für den Heiligen Geist, der bei der Wiedergeburt in uns hineinkommt, und „mit Öl übergossen“. „Öl“ ist ein Symbol für den Heiligen Geist. Solches „Öl“ wurde auf Jesus gegossen nach der Taufe im Jordan und auf die 120 Jünger am Pfingsttag. Später kam dieses „Öl“ auf die anderen, die der Herr hinzutat zu der Gemeinde.

Diesem „ungesäuerten Brot“ oder dem „Speisopfer“ entsprechend möchte Gott uns haben. Vor diesem Hintergrund werden wir besser verstehen, warum der Herr damals den Isreliten nach dem Auszug aus Ägypten gebot, sieben Tage keinen Sauerteig zu essen oder auch nur aufzuheben. Es mußte noch am Tage des Passahs damit aufgeräumt werden. Kein Sauerteig durfte im Hause sein. Das bedeutet: radikale Trennung. Man konnte den Sauerteig nicht aufheben für später oder irgendwo verbergen und sich nur vorübergehend davon lösen. Diese radikale Trennung, dieses gründliche Aufräumen mit dem „Sauerteig", erleichtert uns den Start in die Nachfolge Jesu.

Ich kann nur jedem raten, der merkt, daß noch mancher „Sauerteig" aufgehoben ist, schnellstens reinen Tisch zu machen. „Fegt den alten Sauerteig raus!" Sonst kommen wir nicht richtig von „Ägypten" los und verpassen vielleicht auch noch den Anschluß bei der Entrückung. Ich will hier niemandem Angst machen. Aber wir können Sünde, wie Paulus sie in den erwähnten Versen aus 1. Korinther 5 umreißt, nicht auf die leichte Schulter nehmen. Wir können auch nicht unseren Pastor oder Prediger oder die Gemeinde für den „Sauerteig" verantwortlich machen. Jeder Hausvater war selbst verantwortlich für seine Familie und hatte darüber zu wachen, daß der Sauerteig restlos aus dem Haus entfernt wurde. Welch ein Nachholbedarf gibt es da in vielen Familien bei den Vätern und Müttern!

Der Sauerteig hat, wie mir scheint, immer eine negative Bedeutung in der Bibel, selbst wenn Jesus in Matthäus 13,33 davon spricht. Dort vergleicht Er das Reich der Himmel mit einem Sauerteig, der unter Mehl gemengt wurde, was bedeuten kann, daß die Königsherrschaft Jesu Christi durch Ungehorsam von

Menschen aufgehalten wurde, jedenfalls eine gewisse Zeit.

Aber damals befolgten die Israeliten alles, was der Herr befohlen hatte. Sie waren zubereitet worden durch die verzweifelte Lage, in der sie sich befanden. Sie sehnten sich nach Befreiung aus der furchtbaren Knechtschaft des Pharao und taten deshalb alles, was Mose ihnen im Auftrage Gottes befahl. So zogen sie noch in derselben Nacht wohlgeordnet aus Ägypten. Und um Sein Volk zu schonen und es nicht gleich in einen Kampf zu verwickeln, führte Gott es nicht auf dem nächsten Weg durch das Land der Philister, sondern ließ es einen Umweg machen. So steht es in 2. Mose 13,17–18.

Dieser Gedanke ist uns ziemlich fremd. Wir meinen so schnell, Umwege seien immer die Folge eigener Schuld. Aber Umwege können auch von Gott sein, um uns zu schonen. Ein lieblicher und tröstlicher Gedanke für uns! Denn wer kennt nicht solche Umwege! Und wissen wir, was geworden wäre, wenn alles anders gelaufen wäre? Längst nicht immer können wir die Führung Gottes durchschauen.

Keine „Wolkensäule“ mehr – oder doch?

2. Mose 13,21–22 zeigt uns, womit Gott den Auszug krönte:

> „Und der Herr zog vor ihnen her, am Tage in einer Wolkensäule, um sie den rechten Weg zu führen, und bei Nacht in einer Feuersäule, um ihnen zu leuchten, damit sie Tag und Nacht wandern konnten. Niemals wich die Wolkensäule von dem Volk bei Tage noch die Feuersäule bei Nacht.“

Welch ein Staunen muß durch das volk gegangen sein, und welch eine Begeisterung wird alle erfaßt haben! Damit hatte wohl keiner gerechnet. Vielleicht hatten sich sogar manche schon Gedanken gemacht, wie das wohl zugehen sollte, mit einem so großen Volk und viel Vieh durch die Wüste zu kommen, ohne jemanden zu verlieren. Und das alles ohne Funkverbindung und Lautsprecherwagen! Aber Gott, der Allmächtige, kommt nie in Verlegenheit. Gott selbst zieht vor ihnen her, verhüllt in einer riesigen Wolkensäule während des Tages, und nachts wird diese Wolkensäule zu einer Feuersäule. Welch eine Lektion für das Volk Gottes auch heute! Damals mußte keiner den anderen fragen, wo es langgeht. Jeder konnte sich selbst orientieren. Selbst das Kind brauchte nur aufschauen und wußte dann die genaue Richtung. Alle mußten beständig vorwärts und aufwärts schauen. Nachts gab die Feuersäule nicht nur die Richtung an, sondern warf auch Licht auf den Weg. Wer ihr sehr nahe war, weit vorne im Zug, hatte das stärkste Licht. Doch alle sahen genug, um ohne zu stolpern auf dem Wege folgen zu können.

Wer kennt nicht das Problem, in den verschiedenen Situationen den Willen Gottes erkennen zu können! Ich denke jetzt nicht an die Fragen wie: „Darf ich das oder nicht?" Dafür ist Gottes Wort unser Licht und gibt klare Antwort. Aber es gibt so viele Situationen, wo wir zwischen zwei Wegen zu wählen haben. Und beide Wege sind nicht sündig. Doch es gilt zu erkennen, welcher Weg dem Willen Gottes entspricht. Wenn Jesus sagt: „Meine Schafe hören meine Stimme" (Johannes 10,27), dann zeigt Er uns, worauf es ankommt. Wir müssen wirklich *hören* wollen.

Ein gut Teil unserer Probleme sind schon dadurch erledigt, daß wir zu *jedem* Weg bereit und nicht mehr in unserem Herzen schon festgelegt sind. Dann aber müssen wir auch *hören können*. Zunächst heißt das, daß wir aufhören zu reden und still werden. Das kostet einige Selbstbeherrschung; denn wir sind viel lieber aktiv, als in die Stille zu gehen und in der Stille zu bleiben und zu warten. Geraten wir in Spannung, in Verwirrung und Unruhe, sollten wir unbedingt warten. Der innere Friede in einer Sache ist sehr wichtig, und wir sollten nicht übereilt handeln. Wahrscheinlich haben wir schon alle einmal gedacht: „Wenn es diese Wolken- und Feuersäule doch auch bei uns geben würde! Wie einfach war es doch für die Israeliten! Und wie einfach wäre das für uns!"

Doch bei diesen Gedanken machen wir einen großen Fehler. Bei dem Volk Israel, das etwa 2 Millionen Menschen umfaßte, war die Führung einheitlich. Alle mußten den gleichen Weg ziehen durch eine weglose Wüste mit Bergen, Klüften, Steinen und Felsen. Bei den Kindern Gottes heute ist die Führung individuell verschieden. Deshalb ist unsere „Feuer- und Wolkensäule“ in uns durch den Heiligen Geist, und wir haben nicht zu *sehen, sondern auf das Reden des Heiligen Geistes zu hören* und zu *vertrauen*.

Natürlich gibt es noch andere Gesichtspunkte, die beachtet werden müssen, wenn wir die Führung des Herrn erleben wollen. Der Rat der Geschwister ist nicht zu verachten, und das Gesamtzeugnis der Schrift über Gottes Prinzipien sollten wir vor Augen haben. Aber auch im Blick auf die Fragen der Führung müssen wir ausgewogen sein; sonst besteht die Gefahr, in das andere Extrem zu verfallen, nämlich völlig passiv auf ein übernatürliches Eingreifen Gottes zu warten.

Gott kann natürlich auch einen Weg durch eine Vision oder einen Traum bestätigen, ja, Er kann auch einmal so direkte Wegweisung geben. Aber das sind Ausnahmen, auch in der Bibel. Wenn dauernd Visionen das Handeln bestimmen, wie das oft in kleinen Kreisen, die sich zu Großem berufen zu wissen meinen, geschieht, dann können sich auch „fromme Dämonen“ einmischen. Wir sollten nicht vergessen, daß es auch noch ganz andere Bibelstellen gibt, die uns zeigen, daß wir selbst auch planen dürfen, unseren Verstand einzusetzen haben, und das in der Haltung des Paulus: „So Gott will.“ Lesen Sie den ganzen Abschnitt Römer 15,22-33!

Noch eine andere Stelle ist interessant: 2. Korinther 2,12-14. Dort hatte Paulus eine offene Tür, das Evangelium zu predigen. Das schreibt er ausdrücklich. Und doch treibt ihn die Sorge um Titus so sehr um, daß er diese hoffnungsvolle Arbeit im Stich ließ. Und dann sagt er, daß „Gott uns allezeit Sieg gibt in Christus und durch uns den Duft seiner Erkenntnis an *allen Orten* offenbart.“

Danach sieht es so aus, als wenn es gar nicht so darauf ankommt, in welchem Haus wir leben, in welche Stadt wir ziehen und an welchem Ort wir uns aufhalten. Wenn wir ständig gesagt bekämen, was wir tun sollten, wären wir dann nicht bloße Marionetten? Hat uns Gott nicht nach Seinem Bild geschaffen, also auch mit der Fähigkeit, selbst zu wählen und zu entscheiden? Wenn ich Ihm wirklich gehorsam sein will, wenn ich nach Seiner Ehre trachte und danach, Seinen Auftrag zu erfüllen, darf ich es dann nicht mit Paulus halten, daß „Gott uns allezeit Sieg gibt in Christus ... an allen Orten“?

Außerdem dürfen wir vertrauen, daß der Herr Türen schließen kann. Und sollten wir im Eifer und in eigener Aktivität – zwar in bester Absicht – eigenmächtig gehandelt haben, ist Er dann nicht groß genug, den Fehler zu unserem Besten einzubauen? So haben mein Mann und ich es schon erlebt. Und das tröstet uns für die Zukunft, sind wir doch nie dagegen gefeit, daß uns ein Fehler unterlaufen könnte.

Ein göttliches Erziehungsmittel: Schwierigkeiten

Wenn man gleich anschließend an 2. Mose 13 das 14. Kapitel liest, dann scheint es so, als hätte sich alles in rascher Folge abgespielt. Doch ganz so war es nicht. Die Strecke, die bis zum Roten Meer zurückgelegt werden mußte, wenn man von der Marschänderung absieht, die Gott in Kapitel 14,2 befahl, war rund 100 Kilometer lang. Dazwischen gab es längere Lagerungen; denn man kann weder mit Viehherden noch mit kleinen Kindern so anhaltend lange wandern. Zwischen dem Passahmahl in der Nacht vor dem Auszug und der Situation, die uns in Kapitel 14 berichtet wird, lagen sicher etliche Tage. Es war eine Zeit, die geprägt war von der Freude, endlich keine Ziegel mehr herstellen zu müssen, nicht mehr die Peitsche und die Beschimpfungen der Ägypter hören zu müssen. Sicher waren die Israeliten auch tief bewegt über Gottes Weise, sie zu führen. Das war ja total neu und brachte sie zur Ehrfurcht und zum Staunen über die Güte Gottes.

Ähnlich erleben wir ja auch die Tage nach unserem „Auszug", nach unserer Wiedergeburt. Eine vorher nie gekannte Freude ist da, Freude über die wunderbare Erlösung und die Güte Gottes, daß Er uns angenommen hat. Wir staunen über Seine Wege mit uns, erfreuen uns der Gemeinschaft mit Ihm und sind überglücklich, daß wir dem Feind, Satan, entrissen wurden. Doch nach der Wiedergeburt sind wir nicht sofort so, wie Gott uns haben möchte. Wir sind zwar Kinder Gottes, in unserem Geist erneuert, aber in unserem Charakter, unserer Seele – dem Denken und Fühlen und Wollen – noch nicht umgestaltet. Dazu ist die weise Erziehung Gottes nötig. Und Er benutzt zur Umgestaltung die „Wüste“ und läßt viele Dinge geschehen mit dem Ziel, uns innerlich zu festigen. Denn nur durch Schwierigkeiten und Entbehrungen wird ein Charakter geformt. Werden uns alle Probleme immer gleich abgenommen, alle Schwierigkeiten weggeräumt, dann können wir nicht reifen, bleiben lebensuntüchtig wie so mancher junge Mensch, dem man jeden Wunsch schon als Kind erfüllte, der überall die Fülle hatte und der sich nun nur noch „selbst verwirklichen“ will. Er hält nirgends durch, sieht keinen Nutzen in der Arbeit und sucht sich den bequemsten Weg. So wird man nicht zu einem Charakter. Gottes Erziehungsweise ist ganz anders.

Für die Israeliten bahnt sich auf einmal eine erste große Schwierigkeit an. Pharao hat sich besonnen und bereut inzwischen seine Nachgiebigkeit gegenüber dem Volk Israel. Er und seine Minister bedauern, daß sie nun keine Zwangsarbeiter mehr haben. Und es reift sehr schnell der Entschluß, den Israeliten nachzujagen, um sie zurückzuholen. Pharao bot dazu seine ganze Streitmacht auf. Alle verfügbaren Wagen nahm er mit und in erster Linie die 600 auserlesenen Streitwagen, die seine Elitetruppe bildeten. Während die Israeliten noch voll Zuversicht weiterwanderten, war er schon unterwegs, um sie einzuholen. Doch obwohl es so aussieht, als wäre dieser Entschluß im Herzen des Pharaos gereift, so zeigt uns die Bibel doch den Hintergrund. Gott sagte schon zu Mose, lange bevor auch nur ein ägyptischer Wagen am Horizont auftauchte, in 2. Mose 14,4:

„Und ich will Pharaos Herz verstocken, daß er ihnen nachjage, und will meine Herrlichkeit erweisen an dem Pharao und aller seiner Macht, und die Ägypter sollen innewerden, daß ich der Herr bin."

Vers 8 betont noch eimal, daß der Herr alle Dinge unter Seiner Kontrolle hat, auch die Regierungen von heute. Wer sich lange Seinem Reden und Wirken widersetzt und sein Herz verhärtet, bei dem geschieht es eines Tages, daß sein Herz für Gottes Reden nicht mehr empfänglich ist, dann nämlich, wenn der Herr aus Reaktion auf das beständige Widerstreben des Menschen dessen Starrsinn zu einem unveränderlichen Dauerzustand macht. Das ist übrigens bei allem so, was wir als Wahrheit erkennen. Wenn uns z. B. in einer Lehrfrage eine Wahrheit aufgeht, und wir handeln nicht entsprechend, sondern entziehen uns den Konsequenzen und widersetzen uns beständig, dann kann der Tag kommen, an dem sich diese Erkenntnis verflüchtigt. Das Licht, das wir in dieser Sache hatten, ist erloschen. Dann ist es in diesem Punkt für uns dunkel geworden. Und wir haben, weil wir nicht der Wahrheit gehorchten, unsere Zeit verpaßt. Sie kommt dann nicht wieder. Das ist eine ernste Angelegenheit, auch für die Gemeinde Jesu heute. Für Pharao war es zu spät. Er konnte nicht mehr umkehren und sein schlimmes Tun bereuen. Und er ahnte nicht, daß er in sein endgültiges Verderben rannte. Denn Gott wollte sich verherrlichen: die Ägypter sollten erkennen, daß Er der Herr ist.

Aber betrachten wir nun einmal die Israeliten, die man mit „Kindlein im Glauben" vergleichen könnte.

Sie stehen wirklich vor einem riesigen Problem. Mit dem Verstand läßt es sich nicht lösen. Im Gegenteil, der Verstand hat ihnen schon lange gesagt, daß alles in einer Katastrophe enden muß. Neben sich hohe Berge, vor sich das Meer und hinter sich der Feind, der überaus stark ist. Die Israeliten hoben ihre Augen auf, aber nicht hoch genug zum Herrn, sondern nur so weit, daß sie hinter sich sahen und die ägyptischen Kampfwagen erkannten. Es packt sie die Angst, und sie schreien zum Herrn. Würde sich die Reaktion der Israeliten darin erschöpfen, wäre alles in Ordnung.

Jeden von uns, selbst den Stärksten im Glauben, kann die Angst packen. Aber solange wir dann zum Herrn flüchten, zu Ihm schreien, stehen wir richtig. Doch in den Herzen der Israeliten kam durch den falschen Blick auf den Feind Unzufriedenheit auf; der Unglaube gewann Macht über sie. Man merkt es daran, daß sie zwar zum Herrn schreien, aber direkt danach zu Mose sprechen und ihm Vorwürfe machen:

> „Waren nicht Gräber in Ägypten, daß du uns wegführen mußtest, damit wir in der Wüste sterben? Warum hast du uns das angetan, daß du uns aus Ägypten geführt hast? Haben wir's dir nicht schon in Ägypten gesagt: Laß uns in Ruhe, wir wollen den Ägyptern dienen? Es wäre besser für uns, den Ägyptern zu dienen, als in der Wüste zu sterben" (2. Mose 14,11–12).

Plötzlich sehen sie nur noch den Tod vor Augen. So weit kann es kommen, wenn man den Feind zu lange betrachtet. Dann erscheint uns seine Macht so gewaltig, daß wir uns total ohnmächtig vorkommen. Der Blick der Israeliten war verkehrt. Sie hätten sich daran erinnern sollen, wie mächtig sich Gott schon erwiesen hatten und daß Er auch diese Situation vollkommen unter Kontrolle hat. Doch von „Kindlein im Glauben“ darf man noch nicht zuviel erwarten. Gottes Führungen entsprechen ja längst nicht immer unseren Vorstellungen. *So* hatten sich die Israeliten die Wanderung in das verheißene Land sicher nicht vorgestellt. Aber solange die „Wolken- und Feuersäule“ dabei ist, können wir gewiß sein, daß die Richtung stimmt, auch wenn der Feind hinter uns tobt.

Allerdings steckt in diesem Text eine Wahrheit, die ich hier schon andeuten möchte: auf der anderen Seite des Roten Meeres gibt es mehr Sicherheit, doch muß man erst hindurch! Wenn wir erlöst sind durch den Stellvertreter Jesus Christus, unser Passahlamm, dann hat Er uns zwar erlöst aus der Gewalt Satans, doch Satan wird alles tun, wie damals Pharao, um uns wieder unter seine Herrschaft zu bekommen und zurückzuholen. Gott bietet uns zwar einen Ausweg an, doch ob wir ihn gehen, das ist unsere Sache. Gott und Mensch stehen immer in einer Wechselbeziehung. Sobald wir die eine Seite überbetonen, können wir in Extreme geraten und schließlich weit abirren. Die Israeliten waren in diese notvolle Lage gekommen, nicht in erster Linie um ihretwillen, sondern weil Gott an Pharao und seiner Streitmacht Seine Herrlichkeit erweisen wollte. Das vergessen wir so oft! In manche Not läßt Gott Seine Kinder kommen, um sich an ihren Feinden in Seiner Macht zu offenbaren. Das gilt sicher auch für die vielen verfolgten Christen heute.

Glaube oder Anmaßung

Mose reagiert in dieser schwierigen Lage ganz anders. Er hat im Laufe der Jahre ein besonderes Verhältnis zu seinem Gott bekommen. Er weiß, daß Gott Sein Wort hält. Gott hatte ganz direkt und speziell über diese Situation, in der er jetzt stand, gesprochen. Das war die Grundlage für sein glaubenszuversichtliches Verhalten. Er ermunterte das Volk mit den Worten:

> „Fürchtet euch nicht, stehet fest und sehet zu, was für ein Heil der Herr heute an euch tun wird. Denn wie ihr die Ägypter heute seht, werdet ihr sie niemals wiedersehen. Der Herr wird für euch streiten, und ihr werdet stille sein“ (2. Mose 14,13+14).

Diesen Gesichtspunkt müssen wir besonders beachten. Gott selbst war durch Sein spezielles Wort der Anfänger des Glaubens in Mose, und wenn Gott der Anfänger ist, dann wird Er diesen Glauben auch vollenden. Wenn *wir* aber die Anfänger sind, können wir Gott nicht zwingen, unseren Glauben zu vollenden. Mose hat nicht nach entsprechenden Bibelstellen gesucht oder Bibelworte zitiert, die in etwa für seine Lage paßten. Nein, er hatte unmittelbar von Gott ein Wort für diese spezielle Situtation erhalten, und daran hielt er fest und vertraute seinem Gott. Wir müssen zwischen „Glaube“ und „Anmaßung“ unterscheiden können! Es gibt viele Beispiele in der Schrift, die wir nicht einfach nachvollziehen können, wenn wir uns in derselben Situation befinden. Wer zum Beispiel vor einem Fluß steht, und keine Brücke in der Nähe ist und auch kein Schiff, er aber unbedingt auf die andere Seite muß, der kann nicht einfach auf dem Wasser gehen, weil Petrus es konnte. Petrus hatte in jener Stunde ein direktes Wort vom Herrn bekommen, und zwar die Aufforderung Jesu: „Komm" (Matthäus 14,29). Haben wir dieses Wort nicht und gehen in der Meinung, wir dürften das einfach „beanspruchen", dann werden wir wohl mehr als nur nasse Füße bekommen.

Um diesen Punkt noch besser zu verdeutlichen, will ich noch einige Beispiele nennen. Abraham erhielt von Gott die klare Weisung: „Geh aus deinem Vaterland und von deiner Verwandtschaft und aus deines Vaters Hause in ein Land, das ich dir zeigen will. Und ich will dich zum großen Volk machen und will dich segnen und dir einen großen Namen machen, und du sollst ein Segen sein" (1. Mose 12,1+2). Das sollten wir nicht einfach nachmachen, sonst könnte es zur Katastrophe werden. Die Aufforderung war das direkte Wort Gottes an einen bestimmten Mann, Abraham.

Oder nehmen wir den Katalog aus 5. Mose 28, wo Gott dem Volk Israel Seinen überströmenden Segen verheißt, wenn es Ihm allein gehorchte und vertraute. Da ist die Rede von Gedeihen, gesunden Kindern, reichen Ernten, Vermehrung des Viehs, gefüllten Vorratshäusern und einem beständigen Aufstieg als Volk, so daß sie zum Haupt aller Völker würden. Wer meint, er könne das als Nachfolger Jesu einfach „beanspruchen", wenn er nur oft genug von Reichtum und Wohlstand spricht, es also bekennt, der gerät sehr schnell auf einen falschen Kurs. Dann müßte ja jeder verfolgte Christ nur diese Worte der Heiligen

Schrift im Glauben „beanspruchen“, und es müßte ihm bestens gehen!

Oder nehmen wir noch die Stelle aus Lukas 5, wo Jesus zu Petrus sagt: „Fahret auf die Höhe und werfet eure Netze aus!“

Das war *einmal* in einer ganz bestimmten Situation! Oder wollen wir etwa annehmen, daß Petrus fortan immer am hellichten Tag in die Mitte des Sees gefahren ist, um zu fischen? Dann hätte er nach der Auferstehung Jesu, falls er dann häufiger gefischt hätte, das Netz stets auf der rechten Seite des Schiffes auswerfen müssen, weil Jesus in Johannes 21 einmal diese Anweisung gegeben hatte.

Durch diese Beispiele ist sicher deutlich geworden, daß wir nicht einfach Bibelverse nehmen, sie aus dem Zusammenhang reißen und sie dann für unsere Situation „beanspruchen“ dürfen. Gott will zu uns genauso direkt reden, wie Er es früher tat. „Meine Schafe hören meine Stimme“, sagt Jesus in Johannes 10,27 ausdrücklich, d. h. Er will zu ihnen *reden*. Natürlich lesen Seine „Schafe“ auch die Bibel. Aber das meint Jesus in seiner „Hirtenrede“ nicht. Gewiß benutzt Gott oft Sein geschriebenes Wort, um zu uns zu reden. Dann kann es sein, daß uns ein Wort so trifft und wir gleichzeitig Seinen Glauben dafür empfangen, daß wir innerlich wissen: ich darf das jetzt für mich und meine Situation nehmen! So kann es sein, daß selbst durch die Verheißungen aus 5. Mose 28, die eindeutig dem Volk Israel gesagt wurden, der Herr direkt zu mir spricht. Dann darf ich das für mich nehmen. Aber ich sollte nicht eine Lehre für alle Kinder Gottes daraus machen.

Das Wort „beanspruchen“, das man so häufig hört,

ist kein biblisches Wort. Schaut man daraufhin einmal das Neue Testament durch, so findet man auch dem Sinne nach nichts, was diesem Ausdruck entsprechen würde. Könnten wir uns vorstellen, daß der verlorene Sohn, der zu seinem Vater sagen wollte: „Ich habe gesündigt gegen den Himmel und vor dir. Ich bin hinfort nicht mehr wert, daß ich dein Sohn heiße; mache mich zu einem deiner Tagelöhner“ (Lukas 15,18+19), statt dessen etwa das Feierkleid, den Siegelring, den Kuß des Vaters, das Freudenfest „beansprucht“ hätte? Er wußte nur zu gut: einen „Anspruch“ auf diese Dinge hatte er keineswegs. Das einzige, was er konnte und durfte, war, beschämt und dankbar zu empfangen, was der Vater ihm gab. Alles war und ist Gnade!

Doch kehren wir zurück zu Mose. Er hatte von Gott ein „Rhema“, wie man es auch nennt – zum Unterschied von „Logos“. Beides sind griechische Worte. Das „Rhema“ versteht man als Gottes direktes Reden in einer bestimmten Situation zu einem bestimmten Menschen. „Logos“ ist das allgemeine Wort Gottes, das uns auf viele Fragen Antwort gibt, wobei wir dann auch kein „Rhema“ mehr zu erbitten brauchen, wenn es etwa um den Zehnten oder um die Frage der Eheschließung zwischen einem gläubigen und einem ungläubigen Teil geht. In diesen Punkten gibt die Bibel klare Anweisungen, die für jeden verbindlich sind, und alles Beten um ein „Rhema“ ist überflüssig. Diese Unterscheidung zwischen „Rhema“ und „Logos“ im griechischen Text des Neuen Testamentes kann man zwar so nicht ganz durchziehen. Ich benutze diese Worte hier, weil sie heute häufig gebraucht werden.

Mose konnte deshalb in jener heiklen Lage das Volk im Glauben stärken und selbst getrost bleiben, weil er ein „Rhema“ von Gott hatte. Dann allerdings, als er in sein Zelt kam, begann auch er zum Herrn zu schreien. Ob ihn plötzlich auch die Angst packte? Selbst wenn wir ein klein wenig von dem Glauben haben, um zu einem Berg sprechen zu können: „Hebe dich und wirf dich ins Meer“ (Markus 11,22+23), kann dieser Glaube doch auch angefochten werden. Trotz des „Rhemas“ bei Petrus, als er dem Herrn auf dem Wasser entgegenging, begann er zu sinken, sobald er die falsche Blickrichtung hatte. Gott hatte den Glauben gewirkt. Aber wir müssen allein auf Ihn sehen, damit er bewahrt und vollendet werden kann. Es sind immer diese Wechselbeziehungen, die wir beachten müssen. Es kann sein, daß Mose für einen Augenblick auch in Not kam. Ohne Gott wäre es ja auch ein unbegreiflicher Leichtsinn gewesen, mit einem Volk diesen Lagerplatz zu wählen. Aber Gott hatte es gesagt, ganz direkt, und so geführt. Darin besteht der Unterschied.

Gott fragt Mose etwas verwundert: „Was schreist *du* zu mir?“ (2. Mose 14,15a). Daß das Volk schrie, war verständlich, es waren „Kindlein“ im Glauben. Aber Mose? Es ist tröstlich zu wissen, daß es selbst einem Mose passierte, daß er schrie, wo Gott es als unnötig ansah. Doch Mose hört dann keine Strafandrohung, keine Vorwürfe, sondern er bekommt von Gott einen klaren Befehl zu handeln: „Sage den Kindern Israel, daß sie weiterziehen“ (2. Mose 14,15b). Dies war eine hilfreiche Botschaft für das Volk. Sie mußten etwas tun und in Bewegung kommen. Das ist immer das beste, wenn wir zu sehr von den Schwierigkeiten und dem Feind fasziniert sind. Mose sollte den Stab emporheben, seine Hand über das Meer ausstrecken und es mittendurch teilen, damit die Israeliten trockenen Fußes durch das Meer ziehen könnten. Das ist es, was Mose tun sollte. Dieser Stab war das Zeichen seiner Autorität und Vollmacht von Gott. Mit diesem Stab hatte er sich ausgewiesen vor dem Volk, als er im Auftrag Gottes nach Ägypten zurückkehrte, damit sie Vertrauen faßten zu dem Gott ihrer Väter. Mit diesem Stab hatte Mose auch die Wunder vor Pharao getan. Und nun soll er ihn wieder benutzen – nicht auf eigene Faust – sondern genauso, wie Gott es ihm befohlen hatte.

Auch wir als Kinder Gottes und Glieder am Leibe Jesu haben etwas, das mit dem Stab Moses vergleichbar ist, etwas, was uns Autorität und Vollmacht gibt: den Namen Jesus. Diese Vollmacht im Namen Jesu dürfen wir auch nicht mißbrauchen, sondern nur dann gebrauchen, wenn wir im Willen Gottes sind. Der Name Jesus ist ja nicht wie eine magische Formel, die ich nur benutzen müßte, und dann hätte ich die Ergebnisse – ganz und gar nicht! So ähnlich dachten allerdings die sieben Söhne des Skevas (Apostelgeschichte 19,13-16) und meinten, das bloße Aussprechen des Namens Jesu würde genügen, daß die Dämonen weichen. Aber es ging ihnen sehr schlecht dabei. So, wie Mose den Stab Gottes nur benutzte, wenn Gott ihm dazu den Auftrag gab, so haben wir die Autorität des Namens Jesu nur zu gebrauchen, wenn der Geist Gottes uns dazu den Impuls und die Freiheit gibt. Natürlich hatte Mose den Stab nicht irgend jemandem aus dem Volk überlassen, um damit zu handeln. Das tat er selbst. „Kindlein im Glauben“

sollte man nicht überfordern! Mose hatte seinen Teil zu tun. Und Gott sagte ihm, was Er tun würde:

> „Siehe, ich will das Herz der Ägypter verstocken, daß sie hinter euch herziehen, und will meine Herrlichkeit erweisen an dem Pharao und aller seiner Macht, an seinen Wagen und Männern. Und die Ägypter sollen innewerden, daß ich der Herr bin, wenn ich meine Herrlichkeit erweise an dem Pharao und an seinen Wagen und Männern" (2. Mose 14,17+18).

Hier haben wir wieder die Wechselbeziehung zwischen Gott und dem Menschen. Gewisse Dinge hat der Mensch zu tun, andere Bereiche übernimmt Gott. Beides zusammen bringt das zustande, was Gott vorhat.

Taufe mit der Wolke und Taufe im Meer

2. Mose 14,19 wird uns dann etwas sehr Kostbares berichtet:

> „Da änderte der Engel Gottes, der bisher vor dem Heer der Israeliten hergezogen war, seine Stellung und trat hinter sie; infolgedessen ging auch die Wolkensäule vorn vor ihnen weg und trat hinter sie" (Menge).

In Kapitel 3,21 hieß es allerdings: „*Der Herr* zog vor ihnen her." In Kapitel 14 ist es *„der Engel des Herrn"*. Das muß uns nicht verwirren. Hier ist nicht irgendein Engel gemeint, sondern der Messias Jesus, der „Jeschua Ha Meschiach". Noch deutlicher wird es, wenn wir 2. Mose 23,20+21 von dem Engel lesen, den Gott vor ihnen her sendet, und Gott dann weiter sagt:

> „Hüte dich vor ihm und gehorche seiner Stimme und sei nicht widerspenstig gegen ihn; denn er wird euer Übertreten nicht vergeben, weil mein Name in ihm ist."

Das erinnert stark an die Aussage Jesu: „Wer mich sieht, der sieht den Vater" (Johannes 14,9). „Mein Name ist in ihm." Das Wesen Gottes ist in diesem „Engel des Herrn". Hier übrigens wird deutlich, wer der Messias wirklich ist, Er ist Gott und nicht nur ein Prophet, nicht nur ein Mensch. Er kann Sünde vergeben oder auch Sünde nicht vergeben – und das kann nur Gott. Es gibt noch mehr solcher Stellen im Alten Testament, wo der „Engel Gottes" oder der „Engel des Herrn“ erscheint und es aus dem Zusammenhang und den direkten Reden deutlich wird, daß es Gott selbst ist in der Offenbarung des „Jeschua“.

Der „Engel Gottes“ stellte sich zwischen Sein Volk und die Ägypter, und das genügte. So blieb Israel vor dem Überfall bewahrt. Auf der Seite der Ägypter war die Wolkensäule in jener Nacht absolut finster. Sie konnten nichts mehr sehen. Das ist eine Erfahrung, die sich auch heute noch wiederholt. Was den Kindern Gottes beleuchtet wird, was für sie licht ist, das ist für die Kinder dieser Welt völlig dunkel, sie sehen da nicht durch – wenn es zum Beispiel darum geht, die gegenwärtige Zeit zu beurteilen. Für die Kinder Gottes ist es das letzte Stück der Endzeit. Sie kennen Gottes Gedanken mit dieser Erde, soweit sie in der Bibel niedergelegt sind. Aber für die Kinder dieser Welt ist es schrecklich dunkel, sie sehen nicht mehr durch.

Während also die Wolkensäule auf der Seite der Ägypter ganz finster war, war sie auf der Seite des Volkes Israel ganz hell. Und Gott schickte einen starken Ostwind, der trieb das Meer weg, und die Wasser spalteten sich, und der Meeresboden wurde trockengelegt. Genau zur richtigen Zeit geschah das. Die Wasser standen wie Mauern zur Rechten und zur Linken, und das ganze Volk Israel ging trockenen Fußes hindurch.

Diese herrliche Führung Gottes wird von Paulus im 1. Korintherbrief, Kapitel 10,1-2, aufgegriffen und erhält dort eine viel tiefere Bedeutung als das nur sichtbare Geschehen zur Zeit Moses. Paulus sagt, es war eine „Taufe mit der Wolke und im Meer“. Interessant ist, daß die Taufe an dieser Stelle stattfand. Erst mußte das Volk teilhaben am Passahlamm, dann mußte es ausziehen aus Ägypten und hatte keinen

Sauerteig mehr bei sich, und dann kam dieser Durchzug durch das Rote Meer, der die Taufe versinnbildlicht. Wenn wir das Geschehen auf uns übertragen, ist es ganz eindeutig, daß wir zuerst durch unseren Stellvertreter, Jesus Christus, erlöst sein müssen. Dann müssen wir die gottfeindliche Art der Welt verlassen haben. Unser Leben sollte nun vom Sauerteig der Sünde gereinigt sein. Und jetzt erst kommt der Zeitpunkt für die Taufe. Paulus spricht sogar von *zwei* Taufen, einer „Taufe mit der Wolke" und einer „Taufe im Meer". In der Wolke war Gott gegenwärtig. Israel wurde, wenn man das Bild der Taufe nimmt, eingetaucht in die Gegenwart Gottes wie von Ihm umhüllt.

Auch dafür haben wir die Entsprechung im Neuen Testament. Petrus spricht in seinem ersten Brief, Kapitel 4,14, von dem „Geist der Herrlichkeit", der auf den Gläubigen ruht. Damals war es die „*Wolke* der Herrlichkeit Gottes", hier der „*Geist* der Herrlichkeit". Im Roten Meer geschah eine Taufe in diese Wolke hinein. In der Apostelgeschichte lesen wir immer wieder von einer „Taufe im Geist". Nach dem Vorbild des Alten Testamentes sollte wohl nach Gottes Plan beides zusammengehören, die Übergabe des Lebens an Jesus und die Taufe mit dem Heiligen Geist. Doch da gibt es wohl keine starren Regeln. Bei Paulus lagen zwischen seiner Hinkehr zu Jesus und dem Erfülltwerden mit Heiligem Geist drei Tage (Apostelgeschichte 9,9+17). Die Schar, die im Haus des Kornelius versammelt war, erlebte es offenbar gleichzeitig (Apostelgeschichte 10,44.48), und bei den Jüngern in Ephesus lag wohl eine längere Zeit zwischen ihrer Hinkehr zu Jesus und der Erfüllung mit dem Heiligen Geist (Apostelgeschichte 19,1-7). Sie alle wußten um den Unterschied zwischen vorher und nachher, sie wußten, daß sie diese Taufe im Heiligen Geist erfahren hatten. Es gab Merkmale, woran sie es erkannten. Auch bei der Wassertaufe gibt es kein Schema. Sie erfolgte zwar immer erst, nachdem der Mensch seinen Glauben an Jesus bezeugt hatte, manchmal vor der Taufe im Geist, manchmal hinterher. Es ist eine Frage der Liebe zu Jesus, ob ich Seinen Anordnungen genau folge. Streiten kann man sich endlos darüber. Und Diskutieren bringt auch nichts. Gott hat uns Sein Muster deutlich gegeben, sichtbar am Volk Israel, und Er wiederholt dieses Muster in der Apostelgeschichte. Für jeden, der mit offenem Herzen nach der Wahrheit forscht, ist es leicht zu erkennen. Für mich sind die heißen Debatten unter den Kindern Gottes um die Wassertaufe unverständlich. Paulus sagt in Epheser 4,5: Es ist „ein Herr, ein Glaube, eine Taufe“ (hier ist die Wassertaufe gemeint). Er erwähnt erst den Herrn, dann den Glauben und danach die Taufe. Wenn dem Apostel der *eine* Herr wichtig ist und der *eine* Glaube, sollte dann die *eine* Taufe weniger wichtig sein? Man kann doch nicht alles auf den Kopf stellen und an Säuglingen eine Handlung vornehmen unter Zuhilfenahme von einigen Tropfen Wasser und das dann „Taufe“ im Sinne der Bibel nennen! Wer Jesus liebhat und Seinem Wort gehorchen will, unbedingt, egal was Traditionen und Kirchenordnungen dazu sagen, der findet wirklich nur *eine* Taufe im Wasser in der Heiligen Schrift, und sie deckt sich mit der Taufe des Volkes Israel im Meer in 2. Mose 14.

Ähnlich verhält es sich mit der „Taufe mit der Wolke“. Obwohl die Israeliten bereits teilhatten an dem Passahlamm und durch das Blut des Stellvertreters bewahrt blieben vor dem Würgeengel und dann herausgeführt wurden aus Ägypten, erfuhren sie neben der „Taufe mit Wasser“ auch noch diese „Taufe mit der Wolke“.

Analog dazu kann man es bei den Jüngern zu Pfingsten sehen und auch noch später. Es kann mir keiner erzählen, daß die Jünger, die 120, erst zu Pfingsten wiedergeboren wurden. Dann hätten sie ja als Nichtwiedergeborene zehn Tage miteinander im Gebet verharrt – und das einmütig! Das schaffen nicht einmal Gläubige! Und die 120 sollten das fertiggebracht haben ohne eine Spur von geistlichem Leben in sich, ohne Wiedergeburt? Dabei sagt ihnen Jesus nicht, daß sie „Kraft empfangen werden“, um dann Gottes Kinder zu werden, sondern sie sollen die „Kraft des Heiligen Geistes empfangen, um Seine Zeugen zu sein“ (Apostelgeschichte 1,8).

Über diese Fragen sind viele Bücher geschrieben worden. Dafür und dagegen. Ich habe auch viele Jahre meines Dienstes ohne diese Ausrüstung mit Kraft verbracht. Schließlich kam ich an den Punkt, wo ich so unzufrieden war mit meinem Dienst, daß ich mich nach einer Antwort von Gott sehnte. Nicht daß sich niemand bekehrte oder die Bibelstunden schlecht besucht wurden, gar nicht. Aber wenn ich mich verglich mit den Jüngern in der Apostelgeschichte, dann merkte ich den großen Unterschied, und der begann mich zu quälen und machte mich suchend. Damals gab es noch nicht so viele Bücher über diese Fragen. Aber ich hatte die Bibel und den Geist

Gottes, der mich überführte, korrigierte und meine ganze Dogmatik über den Heiligen Geist veränderte. Es dauerte eine ganze Woche, in der ich immer wieder meine frühere Lehrmeinung in Frage stellte und forschte, ob es nicht tatsächlich auch ganz anders sein könnte. Und schließlich mußte ich die bittere Tatsache schlucken, daß ich mich „aufrichtig" geirrt hatte, viele Jahre hindurch, und ziemlich ungeprüft nachgesprochen hatte, was man mich gelehrt hatte. Es ist immer das beste, wenn man direkt zur Quelle geht, zur Bibel, und mit offenem Herzen in ihr forscht, um die Wahrheit zu finden und dann danach zu tun. Gewiß, mancher sagt, die Apostelgeschichte dürften wir nicht heranziehen, um die Lehre der Apostel zu erfahren. Die Lehre müßten wir in den Briefen suchen. Aber Paulus sagt, daß *alle* Schrift nütze ist zur Belehrung (2. Timotheus 3,16).

In den Briefen werden viele grundlegende Fragen gar nicht mehr angesprochen, weil sie als bekannt vorausgesetzt werden. Auch die Wassertaufe wird wenig erwähnt in den Briefen, längst nicht in jedem. Aber daraus kann man nicht schließen, daß sie nicht mehr praktiziert wurde. Ähnlich verhält es sich mit dem Abendmahl. Es taucht nur noch im 1. Korintherbrief, Kapitel 11, auf und dort auch nur, weil einiges nicht ganz ordentlich gehandhabt wurde.

Doch ich will hier nicht auf die vielen Argumente eingehen, die vorgebracht werden, um sich vor dem Gehorsam zu drücken. Die Israeliten waren zu diesem Weg bereit, und diese doppelte Taufe war es, die Taufe mit der Wolke und die Taufe im Wasser, die sie absolut von den Ägyptern trennte. Solange sie noch auf der anderen Seite des Roten Meeres waren, konnte Pharao sie einholen und zurückholen. Durch die Taufe geschah eine gründliche Trennung.

Das soll ja auch in der Taufe im Wasser ausgedrückt werden. Unser alter Mensch ist mit Christus gestorben und begraben (Römer 6,3+4). Daher das Untertauchen im Wasser. Und wie Pharao mit seinem ganzen Heer damals zuschaute, so sieht heute die ganze unsichtbare Welt des Lichtes und der Finsternis bei einer Taufe, daß der Täufling damit einen klaren Strich unter sein altes Leben zieht, um in einem neuen Leben zu wandeln. In der ersten Zeit der frühen Gemeinde gehörte zur Taufe immer auch eine Lossage von Satan. Wenn wir die Lossage auch nicht aufnehmen in die Taufhandlung, so sollten wir sie doch in die Seelsorge vor der Taufe einbeziehen. Alle Brücken müssen abgebrochen werden, besonders auch zu den Dingen im okkulten Bereich. Wo das nicht geschieht, gibt es immer hinterher Probleme.

Die „Taufe mit der Wolke“ bringt uns vor allen Dingen in eine andere Verbindung mit Gott. Einen Aspekt davon sehen wir im nächsten Kapitel: das Volk Israel kann jetzt seinen Gott von Herzen anbeten und Ihn loben. Davon lesen wir vorher noch nichts.

In Hebräer 11,29 wird uns noch etwas über das Volk Israel gesagt, nämlich *wie* es durch das Rote Meer zog. Es zog „durch den Glauben“. Die Ägypter versuchten es auch, durch das Rote Meer zu ziehen, und im alten Lutherdeutsch heißt es dann weiter „und ersoffen“. Das zeigt drastisch, was passieren kann, wenn man „ohne Glauben“ etwas „versucht“. Man kann dabei umkommen.

Für die Israeliten kam noch einmal eine beängstigende Situation, nämlich als die Ägypter mit ihren Rossen und Wagen ihnen folgten und auch noch trokkenen Fußes auf dem Meeresboden gingen, vielleicht bis ganz in die Nähe der anderen Seite. Gott läßt das Volk Israel bis hart an die Grenze des Tragbaren kommen. Aber Er prüft nicht über unser Vermögen – damals nicht und heute auch nicht. Gott greift ein. „Er schaute aus der Wolke" (2. Mose 14,24), so schildert es die Bibel, als müßte Er genau hinsehen, wo sie denn eigentlich sind, die Verfolger der Israeliten, diese winzigen Menschlein, die sich anmaßen, Gottes Volk zu vernichten. Dieser Blick Gottes brachte Verwirrung unter die Ägypter und Schrecken. Sie wollen die Flucht ergreifen, weil sie merken, daß der Gott Israels für Sein Volk streitet. Aber da ist es schon zu spät. Mose bekommt von Gott den Befehl, seine Hand über das Meer auszustrecken, und schon rollen die Fluten heran und bedecken alles, Pferde und Wagen und Reiter. Kein einziger Ägypter kam mit dem Leben davon.

Wenn doch die Völker daraus lernen wollten! Wer Gottes Volk, Israel, antastet, es vernichten will, in kleinen Portionen durch Terror oder im großen durch Ausrottung, der bekommt das gnadenlose Gericht Gottes zu verspüren. Und wer Israel segnet, ihm Gutes tut, ihm beisteht, ihm den Frieden erbittet, der darf selbst die Segnungen Gottes erleben. Es wird vielleicht gar nicht mehr so lange dauern, dann werden die Juden, die noch zerstreut sind, vor allem auch in Rußland, einen Auszug erleben, der den aus Ägypten weit in den Schatten stellt. Gott wird noch einmal mit mächtiger Hand, mit Zeichen und Wundern Seine Herrlichkeit und Macht offenbaren, damit die Völker erkennen, daß Israel einen allmächtigen Gott hat, der für Sein Volk streitet:

> „Darum siehe, es kommt die Zeit, spricht der Herr, daß man nicht mehr sagen wird: ‚So wahr der Herr lebt, der die Kinder Israel aus Ägyptenland geführt hat', sondern: ‚So wahr der Herr lebt, der die Kinder Israel geführt hat aus dem Lande des Nordens und aus allen Ländern, wohin er sie verstoßen hatte.' Denn ich will sie zurückbringen in das Land, das ich ihren Vätern gegeben habe" (Jeremia 16,14+15).

> „So fürchte dich nun nicht, denn ich bin bei dir. Ich will vom Osten deine Kinder bringen und dich vom Westen her sammeln, ich will sagen zum Norden: Gib her! und zum Süden: Halte nicht zurück! Bring her meine Söhne von ferne und meine Töchter vom Ende der Erde, alle, die mit meinem Namen genannt sind, die ich zu meiner Ehre geschaffen und zubereitet und gemacht habe" (Jesaja 43,5-7).

Micha sieht dieses Ereignis prophetisch und schildert es in Kapitel 7,15+16:

> „Wie einst in den Tagen, als du aus Ägyptenland zogest, will ich sie wieder Wundertaten schauen lassen. Die Heidenvölker werden es sehen und beschämt werden trotz all ihrer Macht; sie werden die Hand auf den Mund legen, und ihre Ohren werden taub sein" (Menge).

Der Durchzug durch das Rote Meer war kein Zufall oder ein Naturereignis. Es war eindeutig Gottes Handeln. So wird es in der ganzen Bibel verstanden. Die

Fluten kamen so hoch, daß alle ertranken. Daß das so geschah, wird ausdrücklich erwähnt; denn Israel sah die Leichen am Ufer liegen. Diese Erfahrung vertiefte das Vertrauen der Israeliten zu ihrem Gott und auch zu Seinem Knecht Mose. Diese Ägypter sahen sie nie wieder. Jetzt waren sie wirklich aus dem Machtbereich der Ägypter erlöst. Das Rote Meer schaffte die Trennung. Und nun sollte es weitergehen, vorwärts, dem Ziele zu, das Gott für Sein Volk gewählt hatte: das verheißene Land.

Übertragen wir diese Szene auf uns, dann wird deutlich, daß wir auch nach der Taufe im Wasser und nach der Taufe im Geist Wüstenwege vor uns haben. Doch der Herr ist auf allen Wegen dabei. Alle Stationen, die noch folgen, sind weise von Ihm eingeordnet, damit wir uns selbst besser erkennen, wer wir wirklich sind, aber auch unseren Herrn und Erlöser.

Lobpreis und Anbetung – nur Worte oder Wirklichkeit?

In den letzten Jahren wurde viel über Lobpreis und Anbetung geschrieben und gesprochen, und ich denke, man kann die Notwendigkeit, mit Dank und Anbetung vor das Angesicht Gottes zu kommen, nicht genug betonen. Wir brauchen solche Impulse auch immer wieder, weil der Mensch von Natur undankbar ist. Mir ist allerdings auch aufgefallen, daß es da in den verschiedenen Gemeinden und Kreisen einen großen Unterschied gibt. Viel von dem neuen Liedgut hat sich weitgehend durchgesetzt. Man singt wieder Chorusse, vertonte Bibelverse. Eigentlich etwas Wunderbares, weil das Wort Gottes sich sehr wesentlich unterscheidet von jedem anderen Lied. Es ist das Wort, das Leben schafft, das in uns eindringt, uns begleitet, auch durch die Melodie, und das uns erquickt. Natürlich kann das auch jedes andere geistliche Lied. Aber die Tiefen im Worte Gottes sind unübertroffen, weil Gott darin Seine Gedanken kundtut. Wenn wir Menschen etwas dichten, dann ist es viel leichter verständlich, weil wir als Mensch zu Menschen reden. Wenn Gott uns etwas sagt, brauchen wir oft Jahre, bis uns der Sinn „aufgeht". Doch auch wenn Bibelverse oder Chorusse gesungen werden, so ist es sehr entscheidend, *wie* sie gesungen werden. Der Text allein macht es noch nicht. Man kann die Worte absingen, ohne daß man sich bewußt macht, was man singt. Man kann sie aber auch zum Herrn hin singen. Am schönsten ist es dann, wenn zu solchem Singen zum Herrn hin in einer Versammlung völlige Freiheit vorhanden ist.

Ich kann mich gut an eine Frauenversammlung erinnern, wo ich sprechen sollte und ich vom Namen her, den diese Versammlung trug, erwarten konnte, daß dort nicht nur diese Anbetungschorusse gesungen wurden, sondern daß der Herr wirklich angebetet wurde. Mit großer Erwartung ging ich deshalb hin und war glücklich, daß zuerst der Herr über eine längere Zeit hin Anbetung und Ehre empfangen sollte. Das ganze Gefühl des Elends kommt mir wieder hoch, wenn ich daran denke, was dann geschah. Man sang zwei, drei Chorusse – sie wurden abgesungen – und anschließend, nach einigen Abkündigungen und der Sammlung des Opfers, war die Botschaft angesetzt. Selten habe ich mich so durch einen Verkündigungsdienst durchgequält wie dort. Da war keine Freiheit, sondern eine gespannte Atmosphäre. Der Herr konnte uns nicht in der Anbetung frei machen, konnte nicht zu uns reden durch Seine Gaben. Der ganze Abend war dürftig. Es wird mir immer klarer, daß wir nicht einfach dadurch zur Anbetung kommen, daß wir beim Ansagen eines Liedes das Wort „Anbetung" gebrauchen. Dazu sind Voraussetzungen nötig.

Bei den Israeliten wird das ganz deutlich. Sie hatten sehr gelitten unter Pharao in Ägypten. Gott hatte diesen Druck eingebaut, damit sie reif würden für die Erlösung. Dann hatten sie teil am Passahlamm. Sie aßen es gemeinsam, bereit zum Auszug, um fortan als Pilger ihres Weges zu ziehen. Kein Sauerteig war in ihren Häusern. So zogen sie aus, wohlgeordnet, bis sie zum Roten Meer kamen. Dort erlebten sie Gottes Macht und Herrlichkeit, die sich an den nachjagenden Ägyptern erwies, während sie schon auf der andern Seite des Meeres waren. Trocken waren sie durch das Meer gegangen und hatten eine doppelte Taufe – wie wir sahen – erlebt, die Taufe in der Wolke und die Taufe im Wasser.

Erst danach – und das scheint mir sehr bedeutsam – stimmen sie das Jubellied an. Sie bringen Gott spontan Lob und Anbetung und Dank dar. Das war nicht vorprogrammiert. Ob es Moses Lied war, oder ob Mirjam, die Prophetin, es anstimmte, wollen wir offenlassen. Viele Ausleger sind auf Grund der Bemerkung von 2. Mose 15,20+21 der Meinung, daß es auch das Lied der Mirjam sein könnte. Moses Lied finden wir ja in 5. Mose 32. Doch wichtiger ist, daß das ganze Volk hier zu einem spontanen Lobpreis kommt, zu einem prophetischen Singen. Denn es bleibt nicht bei dem Rückblick auf eben Erlebtes, die Israeliten dürfen im Glauben schauen, was noch geschehen wird, was der Herr tun wird. Sie sehen schon das Land der Verheißung. Sie erwähnen das Heiligtum Gottes in ihrer Mitte, obwohl sie noch nicht einmal die Stiftshütte kannten, und sie preisen ihren Gott als ihren König. Kein Wunder, daß bei solcher Freude die Frauen ihre Handpauken ergriffen und im Reigentanz Mirjam folgten.

Damit will ich nicht sagen, daß es bei uns erst „biblisch“ zugeht, wenn wir uns auch Handpauken anschaffen und den Reigentanz praktizieren. Alles Organisierte hat keinen Wert. Alles Nachgemachte auch nicht. Wenn es spontan geschieht und der Herr dadurch geehrt wird, dann hat sicher auch der Reigentanz seinen Platz. Man muß allerdings auch bedenken, daß wir in einer anderen Zeit und vor allem in einer anderen Kultur leben. In Israel ist es üblich, daß man noch heute zu bestimmten Festen auf den Straßen seiner Freude im Reigentanz Ausdruck verleiht. Bei uns ist das unvorstellbar, weil wir eine ganz andere Mentalität haben. Unsere Freude findet viel gehaltener ihren Ausdruck. Ob das gut ist und für unseren inneren Menschen hilfreich, das ist eine andere Frage.

Schauen wir uns nun das ganze Lied in 2. Mose 15 noch genauer an, dann fällt auf, daß hinter allem der Herr gesehen wird. *Er* hat Seinen rechten, starken Arm gebraucht – Mose wird überhaupt nicht erwähnt. „Durch dein Schnauben türmten die Wasser sich auf" (V. 8), das ist der Hintergrund des starken Ostwindes. Der Herr wird hinter allem gesehen und deshalb hoch erhoben. Von Mose ist keine Rede mehr. Bei einer solchen Haltung fällt es uns dann auch nicht mehr schwer, „dankbar zu sein in allen Dingen" (1. Thessalonicher 5,18; Luther 1956). Auch die Stelle Epheser 5,20 meint eigentlich „Saget Dank allezeit in allem Gott". Niemals erwartet Gott nämlich, daß wir „für" alles Ihm danken, etwa für den Alkohol, der so viel Elend bringt, für die Drogen, die so viele junge Leben zerstören. Man kann eine ganze Liste folgen lassen. Nein, das finde ich auch nicht bei Jesus. Er dankte dem Vater nicht für das, was der Teufel tat. Aber Er pries den Vater, daß Er sich in der Situation verherrlichen wird. In jeder Situation den Herrn preisen, das kann man, weil wir wissen, daß, wenn wir Gott wirklich lieben – und Liebe zeigt sich im Gehorsam Seinem Wort gegenüber – „uns alle Dinge zum Besten dienen“ (Römer 8,28).

Doch meine Erfahrung ist, daß auch dieses Danken in allen Dingen sowie der Lobpreis und die Anbetung uns nur dann Freude und Bedürfnis sind, wenn wir – wie Israel – nicht nur Erlöste sind, sondern auch die beiden Taufen erfahren haben, die Taufe mit Wasser und die Taufe mit Geist und mit Feuer. Wir müssen unsere Taufe ausleben in einem mit Christus gekreuzigten Leben, angetan mit der Kraft aus der Höhe. Einem solchen Lobpreis folgt auch heute noch Gottes Antwort, indem er uns prophetisch etwas von Seinen Gedanken mitteilt. Lobpreis bringt uns in Seine Nähe. Lobpreis beschäftigt sich mit Gott, Seiner Größe und Majestät, Seiner Herrlichkeit, Seiner Macht und Liebe. Wir haben uns dabei vergessen und sind Ihm liebend hingegeben. Das bleibt nicht ohne Echo von Gott her. Mögen unsere Gottes-„Dienste“ doch wieder das werden: zuerst dienen wir Gott im Lobpreis, dann dient Er uns durch Seine Gaben und Sein Wort.

Die Stellung der Frau – Menschenmeinung und Gottes Gedanken

Ein klein wenig will ich mich noch an das „heiße Eisen“ wagen, daß hier im Text Mirjam als „Prophetin“ erwähnt wird. Mirjam taucht auch noch an anderer Stelle in der Bibel auf, wo sie keine gute Rolle spielt. 4. Mose 12,1 heißt es: „Mirjam und Aaron redeten gegen Mose um seiner Frau willen, der Kuschiterin, die er genommen hatte.“ Mirjam war offenbar die Anführerin bei diesem Gerede, und Aaron stand unter ihrem Einfluß. Er erwies sich schon, als das Volk das goldene Kalb begehrte, als ein Mann, der sich schnell den Einflüssen anderer öffnete und sich ihrer Meinung beugte. Mirjam wird zuerst erwähnt, und sie wird dann auch von Gott hart bestraft.

Daß Mose eine „Kuschiterin“ (aus Kusch, dem heutigen Äthiopien) genommen hatte, war nur ein Vorwand, denn der 2. Vers sagt deutlich, worum es Mirjam und Aaron wirklich ging: „Und sie sprachen: Redet denn der Herr allein durch Mose? Redet er nicht auch durch uns? Und der Herr hörte es.“ Natürlich redete Er auch durch Mirjam und Aaron. Doch das war den beiden nicht mehr genug. Sie wollten die Stellung einnehmen, die Mose einnahm. Neid war es und Geltungssucht, denen sie sich in ihrem Denken geöffnet hatten. Frauen neigen wohl schneller zu solcher Schwätzerei, doch auch Männer sind nicht dagegen gefeit, wie der biblische Text zeigt.

Mose, der sehr demütig und sanftmütig war, verteidigte sich nicht selbst. Gott tat es für ihn. Er stellt sich voll auf die Seite Seines Knechtes Mose, und dann bestraft Er Mirjam und Aaron. Mirjam wird nicht deshalb bestaft, weil sie eine Frau ist und sich als solche zu dieser Rebellion hinreißen ließ, sondern weil sie die Sonderstellung und Berufung ihres Bruders Mose anzweifelte und damit Gott mißtraute. Aaron tat dasselbe. Mirjam wurde mit Aussatz bestraft. Aaron mußte als Hoherpriester erleben, daß die Wolkensäule, das sichtbare Zeichen der Gegenwart Gottes, von der Stiftshütte wich. Das muß ihn sehr erschreckt haben. Er ist es dann, der ihrer beider Sünden vor seinem Bruder Mose bekennt und ihn um Fürbitte für die aussätzige Schwester Mirjam bittet. Mirjam mußte sieben Tage außerhalb des Lagers bleiben, dann wurde sie wieder aufgenommen. Das ganze Volk wartete diese sieben Tage ab. So wußte bald jedes Kind, weshalb es nicht weiterging – eine heilsame, demütigende Sache für Mirjam und Aaron. Ein weiteres Mal wird Mirjam in Micha 6,4 erwähnt. Dort sagt Gott durch den Propheten sogar:

> „Habe ich dich doch aus Ägyptenland geführt und aus der Knechtschaft erlöst und vor dir hergesandt Mose, Aaron und Mirjam."

Mirjam gehörte also mit zur Führungsspitze. In der damaligen Zeit war das nicht so verwunderlich. Doch diesen Bericht kann man in keiner Weise in Verbindung bringen mit der modernen Frauenemanzipationsbewegung. Für eine solche Entartung gibt es in der Bibel kein Beispiel. „Gott schuf den Menschen zu seinem Bilde, zum Bilde Gottes schuf er ihn; und schuf sie als Mann und Frau," so heißt es in 1. Mose

1,27. Dort sagt Gott ganz eindeutig, daß nur beide, Mann und Frau, Seinem Bild entsprechen, weder der Mann allein noch die Frau allein. Will die Frau wie der Mann sein oder der Mann wie die Frau, oder soll der Unterschied angeblich nur „anerzogen" worden sein, dann haben wir ein Zerrbild, eine Entartung. Doch das war nicht das Problem bei Mirjam. Beide, Aaron und Mirjam, mußten auf diese harte Weise lernen, daß Gottes Berufung zu einem besonderen Dienst Gnade ist, die Er gewährt, wem Er will. Wer sich eigensüchtig in ein solches Amt drängen will, der tastet Gottes Souveränität an. Es gibt genügend Beispiele im Alten Testament, daß der Mann und die Frau vor Gott gleichwertig sind. So ändert Gott den Namen der „Sarai" = „meine Fürstin" in „Sara" = „Fürstin". Abraham hatte da wohl etwas zu lernen. Damals hatten die Frauen ihr eigenes Zelt (1. Mose 18,6 und 24,67). Wir wissen um eine Debora, die Richterin war, eine Hanna, die Mutter Samuels, und eine Hulda, die Prophetin. Einige Abschnitte in der Bibel stammen von Frauen. Und wenn sie im Neuen Testament nicht zu Wort gekommen wären, dann wüßten wir nichts über die Geburt Jesu und sehr wenig über Sein Sterben; denn die Berichte in Matthäus, Markus und Lukas können nur von Frauen überliefert worden sein. Manche Gebete von Frauen sind in unserer Bibel. Und so redet Gott noch heute durch sie. Wir merken es nur nicht mehr. Auch Paulus erwähnt eine ganze Reihe von Frauen, die Mitarbeiter in Christus Jesus waren. Man lese nur die Grußliste im Römerbrief durch. Dort übrigens taucht eine „Junia" in Kapitel 16,7 auf, eine Frau, die einen apostolischen Dienst ausübte. In manchen Bibeln hat man daraus einen Mann gemacht, indem man den Namen in „Junias“ abänderte. Das ist schade. Der griechische Text läßt das eigentlich nicht zu. Gewiß, da gibt es die umkämpften Stellen in 1. Korinther 14 und die äußerst schwierigen Verse 1. Timotheus 2,10-15. Man sollte schwierige Bibelstellen immer vor dem Hintergrund der Gesamtoffenbarung der Schrift zu verstehen suchen und eine solche Stelle nicht aus dem Zusammenhang herausnehmen und einfach mit anderen Stellen beleuchten, ohne auch deren Hintergrund zu beachten. Dieser Fehler wird gerade in dieser Frage, wo es um den Dienst der Frau in der Wortverkündigung geht, viel gemacht.

Auch die Stellung Jesu zur Frau muß man berücksichtigen, und zwar in Verbindung mit der Stellung der Frau in jener Zeit. Da fiel es völlig aus dem Rahmen, daß Jesus mit einer Frau, dazu noch einer Samariterin, am Jakobsbrunnen sprach und sie dann auch noch nicht einmal korrigierte, als sie überall in der Stadt von ihrer Erfahrung mit Jesus öffentlich zeugte.

Die Erwähnung von Frauen in Gleichnissen war für die Zuhörer auch nicht leicht zu schlucken. Frauen galten doch nichts, hatten nach damaliger Denkweise nicht einmal eine Seele. Und Jesus erhebt sie wieder in die Stellung, die Gott ihr zugedacht hatte. Er tat das nicht kämpferisch. Er durchbrach nicht die damaligen Gewohnheiten. Aber Er korrigierte, wo es der Vater im Himmel so wollte.

Die Ehescheidungsfrage löst Jesus so, daß die Jünger spontan sagen: „Dann ist es besser nicht zu heiraten.“ Der ganze Vers Matthäus 19,10 lautet: „Da sagten seine Jünger zu ihm: Steht die Sache eines Mannes mit seiner Frau so, dann ist’s nicht gut zu heiraten“

(Luther 1975). Die heutige Frauenemanzipationsbewegung hat natürlich in der Bibel keine Grundlage. Die Bibel spricht nicht von Gleichartigkeit, sondern von Unterschiedlichkeit, aber einem gleichen Wert vor Gott. In der Ehe ist die Frau diejenige, die ihrem Mann untertan ist im Sinne von „stille sein und auf den Herrn harren" (Epheser 5,22). Das ist der Sinn des Wortes! Diese Haltung ist ihr zugewiesen, wenn sich die Ehepartner in einer Sache nicht einigen können. Dann sollte die Frau nicht ihre Meinung durchsetzen, sondern die ihres Mannes respektieren und stille sein zu ihm hin und zu Gott hin reden und Ihn um die rechte Regelung bitten. In einer Gemeinschaft von Menschen geht es gar nicht ohne Unterordnung. In der Gemeinde allerdings gilt dieses Prinzip für alle. Männer und Frauen ordnen sich dem Haupt, Christus, unter. Denn Christus ist auch das Haupt der Frau. Gott beschenkt alle direkt mit Seinen Gaben und beruft in Seinen Dienst, wen Er will. Dabei schaut er nicht auf das Geschlecht. Wie wollte man sonst mit Römer 12,4-16 fertig werden? Dort heißt es:

> „Denn wie wir an einem Leib viele Glieder haben, aber nicht alle Glieder dieselbe Aufgabe haben, so sind wir viele in Christus ein Leib, aber als einzelne sind wir füreinander Glieder und haben verschiedene Gaben je nach der Gnade, die uns gegeben ist. Hat jemand die Gabe der prophetischen Rede, so übe er sie dem Glauben gemäß. Hat jemand die Gabe des Dienens, so diene er. Ist jemand zum Lehren berufen, so lehre er. Ist jemand zum Ermahnen berufen, so ermahne er. Gibt jemand, so gebe er mit lauterem Sinn. Wer der Gemeinde vorsteht, der sei mit Eifer dabei. Wer Barmherzigkeit

übt, der tue es fröhlich. Die Liebe sei ohne Falsch. Haßt das Böse, haltet fest am Guten. Eure brüderliche Liebe sei herzlich. Einer komme dem andern mit Ehrerbietung zuvor. Seid nicht träge in dem, was ihr tun sollt. Laßt euch vom Geist entzünden. Dienet dem Herrn. Seid fröhlich in Hoffnung, geduldig in Bedrängnis, beharrlich im Gebet. Nehmt euch der notleidenden Brüder an. Seid stets gastfreundlich. Segnet, die euch verfolgen; segnet, und flucht nicht. Freut euch mit den Fröhlichen und weint mit den Weinenden. Seid eines Sinnes untereinander. Trachtet nicht nach hohen Dingen, sondern nehmt euch der geringen an. Haltet euch nicht selber für klug."

Man kann doch nicht nach Willkür bestimmen, was nur der Mann tun darf und was für die Frau vielleicht noch übrigbleibt.

Kürzlich erklärte mir ein leitender älterer Missionar, der führend in der Sprach- und Textforschung tätig ist, die heiklen Stellen sehr viel einfacher. Er machte mir deutlich, daß jede Zeit und jedes Volk ihre eigene Kultur haben und es Gott gefallen hat, die Bibel, Sein Wort, einzubetten in die Kultur des Orients und in eine Zeit, die für uns 2000 Jahre und mehr zurückliegt. Das erwähnte ich schon. Wenn man das bedenkt, sollte man noch viel mehr solche für uns widersprüchlichen Stellen wie 1. Korinther 11,5 und 1. Korinther 14,34+35 im Zusammenhang mit der ganzen Schrift sehen. Nehmen wir diese Haltung ein, können wir uns nicht einseitig nur auf 1. Korinther 14,34 berufen und diese Aussagen durchzusetzen versuchen, ist doch das Licht sehr verschieden, das die einzelnen über diese Bibelstelle haben. Es gibt eine Anzahl guter Erklärungen, die ich hier nicht folgen lassen will; denn das sprengt den Rahmen des Buches. Doch eines sollten wir hier auch beachten, daß wir uns hüten vor Extremen, sondern ausgewogen sind im Geist Jesu Christi.

Kehren wir nach diesem „Abstecher“ zurück zu 2. Mose 15.

Wie Bitteres süß wird

Nach der großartigen Erfahrung der Hilfe Gottes beim Durchzug durch das Rote Meer, als die Ägypter durch den mächtigen Arm Gottes vernichtet wurden, geht es weiter in die Wüste hinein. So ist es immer. Wir können nicht allzulange die erhabenen Stunden des Lebens festhalten. Auch besondere Erfahrungen mit dem Herrn, wo wir Seine Gegenwart spürten, Er uns etwas neu offenbarte und wir überwältigt waren von Seiner Größe und Liebe, verblassen schnell. Wie oft haben wir doch schon gedacht, daß wir von jener geistlichen Höhe nicht mehr herunterkommen würden; denn wir gewannen ja eine neue Erkenntnis von unserem Herrn! Wie mancher glaubte, er wäre nie mehr derselbe nach jenem besonderen Erlebnis in der Stille vor Gott. Doch es dauert nicht lange, und wir sind wieder in der „Wüste". Und das ist sogar normal. Gott weiß das nicht nur, sondern Er führt mit voller Absicht so. Sonst würden wir bald zu geistlichen „Schlemmern" werden, unbrauchbar für ein normales Leben, wo Disziplin und Gehorsam wichtiger sind als fromme Gefühle.

Auch Jesus wurde vom Geist Gottes – nicht vom Teufel – in die Wüste geführt (Matthäus 4,1). Eine Wüste ist sehr eintönig. Da ist es heiß. Sie ist ohne Schatten. Es gibt keine guten, gebahnten Wege. Man muß sich den Weg suchen. Doch wenn die Wolken- und Feuersäule den Weg zeigt, besteht keine Gefahr, einen Irrweg zu gehen. Doch obwohl das Volk Israel der Wolke folgte und damit dem Herrn, der sie führte, gerieten sie in Not und Mangel. Drei Tage hielten sie sich tapfer, und dann endlich kamen sie an Wasser. Aber welche Enttäuschung! Das Wasser war ungenießbar, es war bitter. Da überfiel sie die Entmutigung, und sie murren gegen Mose und fragen ihn: „Was sollen wir trinken“ (2. Mose 15,24). Aber wie soll Mose Abhilfe schaffen? Wenn etwas bitter ist, kann man es doch nicht süß machen!

Wie oft gelangen wir durch Gottes weise Erziehung nach „Mara“, dem Ort der Bitterkeit! Dem einen wird die Atmosphäre am Arbeitsplatz zur Bitterkeit, dem andern die Arbeitslosigkeit. Es können Nachbarn sein, aber auch die eigenen Kinder oder Verwandten, die uns das Leben bitter machen. Finanzielle Probleme können zu unserem „Mara“ werden oder andere Schwierigkeiten. Alle logischen Schlüsse, die wir mit dem Verstand ziehen, bringen uns da nicht weiter. Auch das Murren hilft niemandem. Mose versuchte diesen Weg gar nicht erst. Er wandte sich direkt zu Gott und erbat Hilfe. Der Text sagt sogar, er „schrie“ zum Herrn. Es war dringend, und es ist, als ob Gott nur auf diesen Schrei gewartet hätte. Denn es geht im Text weiter: „Der Herr zeigte ihm ein Holz“ (2. Mose 15,25).

Man beachte, daß Gott hier nicht durch ein Wort von Seiner Seite eingreift, auch nicht befiehlt, daß Mose seinen Stab nimmt, sondern er soll diesmal etwas anderes tun: ein Holz nehmen. Wenn wir Gott in ein Schema pressen wollen, dann haben wir total vergessen, wer Er ist, und wer wir sind. Wie können wir einen Gott, der in ganz anderen Dimensionen lebt, in unserer nur dreidimensionalen Welt begreifen wollen?! Was über unser Zeit- und Raumdenken hinausgeht, was unsere Dimensionen von Länge, Breite und Höhe übersteigt, das können wir einfach nicht denken. Wir können z. B. auch nur Gedanken nacheinander denken, Gott kann alle auf einmal denken. In Seinen Dimensionen kann er alles auf einmal hören und sehen und antworten. Wir, die wir in Zeit und Raum hineingestellt sind, können das nicht. Wir müssen uns aber hüten, unsere Begrenzungen auf Gott zu übertragen – auch in unseren Lehrmeinungen. Mose empfängt die Antwort für das Problem der „Bitternis" durch Offenbarung. Der Herr antwortet ihm und zeigt ihm das Heilmittel. Es ist das „Holz". Dieses „Holz" wirft er in das bittere Wasser, und da geschieht das Wunder: das bittere Wasser wird süß.

Das „Holz" weist hin auf das Kreuz, den Schandpfahl. Wer das Kreuz auf sich nehmen mußte, der hatte keine Rechte mehr in dieser Welt. Jeder konnte mit ihm machen, was er wollte. Wenn wir, sofern wir Jünger Jesu sind und Ihm nachfolgen, dieses Kreuz nehmen und in Beziehung bringen zu unserer Bitternis, dann wird sie süß. Jesus nahm das Kreuz auf sich in der Haltung dem Vater gegenüber: „Dein Wille geschehe!" Wenn wir zu dieser Haltung kommen und ja sagen können zu dieser Führung, zu dieser Bitternis, und sie annehmen können als Gottes weises Erziehungsmittel für uns, dann ist der Not die Bitterkeit genommen.

Die wenigsten von uns in der sogenannten „freien Welt" haben das Kreuztragen in dem Sinn, daß man mit uns macht, was man will, schon erfahren. Gewiß, Spott und Schande, Verleumdungen und Intrigen wird wohl jeder konsequente Christ in dieser Welt erleben. Doch alle Bitternis unseres Lebens wird verwandelt, wenn wir unser Kreuz bewußt tragen in der Haltung Jesu, der Seinen Feinden vergab, dem Willen des Vaters ergeben war und „im Blick auf die vor ihm liegende Freude das Kreuz erduldete“ (Hebr. 12,2). Das Wasser wurde süß durch das Holz. Es gab kein anderes Wasser. Gott zeigte keine neue Quelle, so man das Bittere umgehen konnte. Das würde uns besser gefallen, bringt uns aber nicht zu größerer Reife.

Gesund oder krank – eine Frage des Glaubens?

In 2. Mose 15,25+26 gab Gott dem Volk dann Gesetze und Verordnungen und stellte es auf die Probe. Er sagte zu ihnen:

> „Wirst du der Stimme des Herrn, deines Gottes, gehorchen und tun, was recht ist vor ihm, und merken auf seine Gebote und halten alle seine Gesetze, so will ich dir keine der Krankheiten auferlegen, die ich auf Ägypten gelegt habe; denn ich bin der Herr, dein Arzt“ (V. 26).

Zunächst stellt Gott Bedingungen, die beachtet werden müssen. Dann gibt Er die Verheißung, daß Er keine der Krankheiten, die Er den Ägyptern zur Strafe auferlegt hatte, Seinem Volk auferlegen wird. Und dann sagt Er trotzdem: „Ich bin der Herr, dein Arzt.“ Das wäre dann ja eigentlich gar nicht mehr nötig. Geht man nur von diesem Bibelwort aus, so ist es sehr einfach – könnte man meinen. Wir müssen der Stimme des Herrn gehorchen, d. h. der Stimme des Heiligen Geistes gehorsam sein, und dann müssen wir auch das niedergeschriebene Wort Gottes beachten. Dann, wenn wir beides befolgen – konsequent, mit Hingabe und Liebe – will der Herr keine Krankheit auf uns legen. Genau genommen legt Gott nie Krankheit auf. Krankheit kommt nicht von Gott. Sie ist keine „gute Gabe“. Die Bibel sagt Jakobus 1,17: „Alle guten Gaben und alle vollkommenen Gaben kommen von oben herab, von dem Vater des Lichts.“

Krankheit und Tod sind Folgen der Sünde. Sie gehören seit dem Sündenfall zu dieser Welt. „Denn der Tod ist der Sünde Lohn" (Römer 6,23).

Gott legt Krankheit nicht in dem Sinne auf, daß Er sie schuf, sondern Er läßt sie zu. Doch wenn ich anfänglich gesagt habe, daß die Bedingungen, die Gott stellt, sehr einfach sind, dann könnte ich jetzt auch das Gegenteil behaupten. Denn wer hört schon immer auf die zarte Stimme des Heiligen Geistes? Wer beachtet alle Anordnungen der Bibel, ohne eine zu vergessen? Wer überhaupt hat die 70* Bücher der Bibel so in seinem Herzen und Gedächtnis, daß er alles hält? Diese eine Stelle könnte uns eher entmutigen als ermutigen. Es gab ja nur einen, der über diese Erde ging und keine Sünde getan hat, und das ist Jesus. Aber wir alle haben doch immer wieder nötig zu beten: „Verzeihe mir die verborgenen Sünden!" (Psalm 19,13). – Um diese Fragen eingehender beantworten zu können, wollen wir uns weiter umsehen in der Schrift; denn nur eine Bibelstelle könnte uns, je nach unserer Auslegung, auf eine falsche Bahn bringen.

Das Kapitel, das uns den leidenden Messias zeigt, Jesaja 53, bringt Krankheit und Sünde in einen Zusammenhang und erklärt, daß Jesus beides getragen hat und dafür gestorben ist. Das ist auch einleuchtend, wenn wir bedenken, daß Krankheit durch die Sünde in die Welt kam. Andere Stellen sind uns bekannt, z. B. Psalm 103,3: „Der dir alle deine Sünde vergibt und heilet alle deine Gebrechen." Ebenso das Wort Psalm 107,20: „Er sandte sein Wort und machte sie gesund."

---

* Die Psalmen bestehen aus fünf Büchern, deshalb 70 statt 66.

Sehen wir diese Stellen als prophetisch, dann wäre damit ausgedrückt, daß es Gottes wunderbarer Plan ist, durch den Messias Vergebung der Sünden und Heilung von Krankheit zu bringen. Nehmen wir sie für die alttestamentliche Zeit schon als Erfahrung für alle damaligen Gläubigen, dann stoßen wir schon auf Schwierigkeiten. Das eindrucksvollste Beispiel dafür ist Elisa (2. Könige 13,14). Der Mann, den Gott so gebraucht hatte, der ein doppeltes Teil des Geistes des Propheten Elia empfangen hatte, wird krank. Auf seinem Krankenlager hat er trotz Krankheit noch so viel Vollmacht, daß er dem König Joas prophetische Weisung geben kann. Aber nicht nur das, er stirbt an der Krankheit, ist aber im Tod noch so umlagert von der Kraft des lebendigen Gottes, daß ein Leichnam, den man aus Angst vor den Philistern schnell in irgendein Grab wirft und dabei das des Elisa erwischt, bei der Berührung mit dem toten Elisa wieder lebendig wird und herauskommt!

Schon dieser Bericht bringt alle unsere Heilungstheorien durcheinander. Ein Mann wie Elisa krank? Und doch redet er noch prophetisch, und Gott steht dazu? Und dann stirbt er, und die Kraft Gottes umgibt ihn noch im Tod, so daß ein anderer Leichnam lebendig wird, er aber, Elisa, nicht. Schon hier wird die Theorie, „Wer krank ist, bei dem muß etwas nicht stimmen“, absolut hinfällig. Auch Hiob ist ein Beispiel dafür. Und wenn Gott sagt: „Seinesgleichen ist nicht auf Erden, so gottesfürchtig und gerecht ist er“ (Hiob 1,8) – und deshalb darf Satan ihn angreifen und testen, weil Gott Seinem Hiob vertraut, daß er an Ihm bleibt –, dann kann man nicht behaupten, das ganze Unglück wäre über ihn gekommen, nur weil auch der

Vers Hiob 3,25 in der Bibel steht: „Denn was ich gefürchtet habe, ist über mich gekommen, und wovor mir graute, hat mich getroffen." Im ganzen Buch Hiob wird darauf in keinem Vers Bezug genommen.

Als Jesus dann auf dieser Erde Seinen Dienst tat, lesen wir von zahllosen Heilungen. Wo Er, der das Leben ist, hinkam, da floß Sein Leben zu solchen, die mit Ihm in Berührung kamen. Manchmal kamen sie mit Glauben, manchmal auch nicht. Doch Er heilte sie alle. Seine Methoden waren sehr verschieden. Er heilte nicht nach einem Schema. Manchmal legte Er die Hände auf. Manchmal sprach Er nur ein Wort. Oder Er gab eine andere Hilfe. Er reichte die Hand, wie bei der Schwiegermutter des Petrus, oder Er machte einen Brei und tat ihn auf die blinden Augen, oder Er legte die Finger in die tauben Ohren. In einem Fall betete Er zweimal für einen Blinden. Nach dem ersten Gebet mit Handauflegung sah der Mann noch nicht scharf. Doch Jesus sagte nicht zu ihm: „Nun gehe heim und sprich im Glauben: „Ich kann sehen. Ich kann sehen. Durch Seine Wunden bin ich geheilt." Nein, Jesus legte ihm noch einmal die Hände auf, und dann sah er scharf. Jesus wollte von dem Blinden wissen, ob er sehen konnte oder nicht. Er wollte keine geheuchelte fromme Antwort: „Ich sehe im Glauben." Wir sollen die Lüge ablegen und die Wahrheit reden (Epheser 4,25), und unser Ja soll ein Ja sein und unser Nein ein Nein (Matthäus 5,37). Das gilt doch wohl auch hier.

Das griechische Wort, das in diesem Zusammenhang sehr oft in unserer Bibel steht, ist „astheneo" und wird mit „Krankheit" oder „Schwachheit" im

Sinne von „ohne Kraft“ übersetzt. Es lohnt sich, diesen Stellen einmal nachzugehen:

Matthäus 8,17:
„Damit erfüllt würde, was durch den Propheten Jesaja gesagt worden ist. Er hat unsere Schwachheiten (astheneas) auf sich genommen und unsere Krankheit hat er getragen.“

Lukas 5,15:
„Es kam eine große Menge zusammen, um ihn zu hören und von ihren Krankheiten (astheneas) geheilt zu werden.“

Lukas 8,2:
„ ... einige Frauen, die er von bösen Geistern und Krankheiten (astheneas) gesund gemacht hatte.“

Lukas 13,11+12:
„Eine Frau war da, die hatte einen Geist der Krankheit (astheneas) ... sei los von deiner Krankheit (astheneas)!“

Johannes 5,5:
„Unter ihnen lag aber ein Mann, der schon achtunddreißig Jahre krank (asthenea) war.“

Johannes 11,1:
„Es war aber jemand krank (astheneoa), Lazarus.“

2. Korinther 11,30:
„Wenn ich mich also rühmen soll, will ich mich meiner Schwachheit (astheneas) rühmen.“

2. Korinther 12,5:
„Meiner selbst aber will ich mich nicht rühmen, nur meiner Schwachheiten (astheneais [Mehrzahl]).“

2. Korinther 12,9:
„Meine Kraft ist in den Schwachen (asthenea) mächtig.“

2. Korinther 12,10:

„Darum bin ich guten Mutes in Schwachheiten (astheneais [Mehrzahl])."

Galater 4,13:

„Ihr wißt doch, daß ich krank (asthenean) war, als ich euch das erstemal das Evangelium gepredigt habe."

Das ist nur eine kleine Auswahl, aber sie gibt zu denken, besonders bei Paulus, der sogar dreimal betete und dann die Antwort erhielt: „Laß dir an meiner Gnade genügen; denn meine Kraft ist in den Schwachen mächtig" (2. Korinther 12,9). Der Vergleich der Stellen macht auch verständlich, weshalb man sich in der Frage, ob Paulus krank war oder nicht, nicht einig wird. Es ist vom Text her nicht zu klären und muß offenbleiben.

Doch kehren wir noch einmal zurück zum Dienst unseres Herrn Jesus. „Er heilte sie alle", lesen wir wiederholt. Keinen schickte er weg, weil die Krankheit ihm ein Segen sei, oder weil der Vater es so wollte. Und doch heilte Er wiederum nicht alle in der Säulenhalle, sondern nur den, der 38 Jahre krank gewesen war (Johannes 5,1-9). Seine Jünger sandte Er aus mit dem Befehl:

„Geht aber und predigt: Das Himmelreich ist nahe herbeigekommen. Macht Kranke gesund, weckt Tote auf, macht Aussätzige rein, treibt böse Geister aus" (Matthäus 10,7+8).

In Markus 16 spricht die Bibel von den Zeichen, die denen folgen werden, die glauben. Und am Ende des

Kapitels heißt es: „Der Herr wirkte mit ihnen und bestätigte das Wort durch die mitfolgenden Zeichen" (Markus 16,20). Zeichen und Wunder sind keine Dauererscheinung. Zeichen werden gesetzt, um an etwas zu erinnern, auf etwas hinzuweisen. Aber z. B. säumen sie nicht ohne Unterbrechung die Straße.

Es fällt auf, daß es in der Apostelgeschichte und im Dienst des Paulus so geschah: es wurden Kranke geheilt. Aber es blieben auch Kranke krank, was Paulus selbst ganz ehrlich mitteilt: „Trophimus ließ ich in Milet krank zurück" (2. Timotheus 4,20). Dazu wird keine Erklärung gegeben, so daß es doch wohl nicht erlaubt ist, wenn wir hier behaupten, daß entweder Paulus nicht mehr auf der Höhe des Bekennens und Glaubens war, auf der er früher gestanden hatte, oder aber daß Trophimus noch nicht die nötige geistliche Reife hatte und Paulus sich deshalb auf seine Ebene begab. Nach dieser Art von Lehre oder auch Irrlehre hat Paulus bei Timotheus so handeln müssen, weil er ein natürliches Mittel empfahl (1. Tim. 5,23). Man sagt, Timotheus sei für eine Glaubenshaltung und das beständige Bekennen: „Ich bin durch Jesus geheilt!" nicht offen gewesen.

Zunächst einmal ist das eine grobe Unterstellung; denn der Text selbst gibt uns zu solchem Denken keine Veranlassung. Außerdem kann es jeder ausprobieren, ob das Hersagen von Verheißungen etwas bewirkt. Selbst wenn wir sie im Glauben sprechen, dem Maß des Glaubens entsprechend, das wir haben, heißt es nicht, daß Gott verpflichtet ist, uns zu heilen. Der Glaube, ob Frucht oder Gabe des Heiligen Geistes, ist immer Geschenk Gottes und nicht unser Produkt. Man kann einen Kranken zusätzlich in große

Qual bringen, wenn man ihm unterstellt, es mangele ihm wohl an Glauben.

Wenn wir auch viele Gründe zusammenstellen, weshalb ein Gläubiger nicht geheilt wird, so können wir doch letzten Endes Gottes Gedanken nicht ergründen. Er ist viel zu groß für unser bißchen Verstand. „Ich will sie auserwählt machen im Ofen des Elends", steht auch in der Bibel (Jesaja 48,10). Und das traf sicher für Hiob zu. Warum nicht auch einmal für uns? „Wer am Fleisch leidet, der hört auf mit Sündigen" (1. Petrus 4,1). Sollten wir diese Lektion nicht auch manchmal nötig haben?

Erstaunlich ist, daß Jesus in Matthäus 25,43 von den „Kranken" spricht, die nicht besucht wurden. Dort identifiziert Er sich mit „Seinen geringsten Brüdern", den Juden, die unter anderem auch krank waren und nicht besucht wurden. Das ist der Vorwurf: der fehlende Besuch. Es steht nicht da: „Und ihr habt sie nicht geheilt." Man beachte das! Daß Lukas, der Arzt, auch als solcher bezeichnet wird ohne eine Bemerkung, daß er seinen Arztberuf aufgegeben hat, weil ein solcher Dienst nicht mehr nach dem Willen Gottes ist, ist ebenfalls zu beachten. Im Gegenteil! Jesus sagt ohne negative Bemerkung einfach als Feststellung: „Die Gesunden brauchen keinen Arzt, sondern die Kranken" (Lukas 5,31). Und Paulus spricht freimütig von Lukas als dem Arzt. In 1. Petrus 1,6 lesen wir:

> „Dann werdet ihr jubeln, nachdem ihr jetzt kurze Zeit, wenn es sein muß, mancherlei Anfechtungen zu erleiden habt."

Hier heißt es „mancherlei Anfechtungen". Alle Arten lassen sich dort einfügen. Unser Erbe ist noch im Himmel aufbewahrt. Wir haben noch nicht alles! „Wir sehen jetzt nur undeutlich wie in einem trüben Spiegel" (1. Korinther 13,12), auch was die Heilung von Krankheit anbetrifft, und viele Fragen bleiben offen. Jetzt haben wir noch „sterbliche Leiber" (Römer 8,11). „Unser äußerer Mensch zerfällt" (2. Korinther 4,16). Und „wir warten noch auf die Erlösung unseres Leibes" (Römer 8,23). Der, der Heilung sucht, und der, den Gott mit Heilungsgaben ausrüstet, sind beide unvollkommene Menschen. Das mag ein Grund sein, weshalb nicht mehr geschieht. Keiner ist wie Jesus!

Wir müssen auch klar sehen, daß wir in einer Art Zwischenzeit leben, in der das Reich Gottes, die Königsherrschaft Jesu Christi, noch nicht offenbar geworden ist. Ähnlich wie das Volk Israel, das zwar aus Ägypten ausgezogen war, aber noch nicht in das verheißene Land gekommen war, sondern durch die Wüste ziehen mußte. Es bekam wiederholt einen Vorgeschmack von seiner zukünftigen Heimat, wie Gott auch uns, die wir „in der Wüste" leben, immer wieder durch eine Heilung, ein Wunder, einen Vorgeschmack gibt von der endgültigen Heilung, wenn wir bei Ihm sein werden. Wir dürfen „schmecken die Kräfte der zukünftigen Welt" (Hebräer 6,5). Aber noch ist der Teller nicht randvoll. Wir müssen bedenken, daß wir nun zwar Gottes Kinder sind, „aber es ist noch nicht erschienen, was wir sein werden. Wir wissen aber, wenn es erscheinen wird, daß wir ihm gleich sein werden; denn wir werden ihn sehen, wie er ist" (1. Johannes 3,2). Wir sind es noch nicht, wir sind noch unterwegs. Jede Heilung, sei sie durch den Herrn direkt und plötzlich geschehen oder langsam, ist ein Angeld, um uns zu ermutigen, daß wir an der Hoffnung festhalten: eines Tages werden wir bei Ihm sein, dann „ist das Erste vergangen“. Und zum „Ersten“ gehören nach Offenbarung 21,4 der Tod, Leid, Geschrei, Schmerz und Tränen.

Wir wollen weiter nach Gottes Wort handeln und mit den Kranken beten, auch wenn nicht alle gesund werden. Der Arzt gibt ja auch nicht seine Praxis auf, weil etliche seiner Patienten krank bleiben oder sterben. Wir wollen unseren Teil tun, unser Vertrauen nicht wegwerfen und nicht zweifeln an Gottes weisen Plänen. Es gibt kein Schema im Heilungsdienst. Es gibt auch keine Begrenzung für den Dienst der Handauflegung. Wenn Jesus dem Blinden schon zweimal die Hände auflegte, dann dürfen wir es sicher öfter tun. Und bei den vielen Fragen, die offenbleiben, weil wir unseren Herrn nicht verstehen, wollen wir uns trösten mit dem, was Jesus Johannes dem Täufer im Gefängnis sagen ließ: „Selig ist, wer nicht irre wird an mir“ (Matthäus 11,6). Dabei wollen wir nicht vergessen, daß Jesus damals um alles wußte, was Johannes widerfuhr. Und wir dürfen gewiß sein, daß Jesus auch unsere Lage kennt.

Trotzdem brauchen wir den Arzt nicht zu verachten und seine Mittel abzulehnen. So wie Gott oft Menschen einschaltete, um Seinen Willen zu vollbringen, kann Er auch den Arzt und seine Mittel gebrauchen, daß Sein Wille geschieht. Wir brauchen die Ausgewogenheit und viel Barmherzigkeit und Liebe. Das Mitleiden mit denen, die Leid tragen, ist uns geboten.

Und das sollten wir zuerst bedenken, bevor wir mit jemandem beten oder ihn belehren. Wenn wir jede ärztliche Hilfe und jedes Medikament ablehnen, wird es früher oder später in unserer Gemeinschaft oder Gemeinde Spaltungen geben, und weitere schwerwiegende Probleme werden entstehen. Es ist schon vorgekommen, daß wegen der starren Haltung der Eltern ein Kind starb. Das bringt die Behörden auf den Plan, und die Gemeinde geht bald durch die Mühle der Presse. Daß das für die Gläubigen einer solchen Gemeinde nicht schön ist, läßt sich nachfühlen.

Nur eines müssen wir deutlich herausstellen: Jesus wollte man töten, weil Er Kranke am Sabbat heilte, und weil Er Lazarus von den Toten erweckte. Die Jünger kamen in schwere Konflikte, weil der Lahme an der „schönen Tür" des Tempels geheilt wurde. Sie litten also Verfolgung, weil Kranke geheilt wurden, nicht weil Kranke starben. Hier liegt der gewaltige Unterschied, und das sollte uns sehr nachdenklich machen. Wir leiden dann nicht um Jesu willen, sondern wegen unserer extremen Haltung. Kann der Feind uns nicht durch Sünde zu Fall bringen, dann jagt er uns über das Ziel hinaus mit „Bibelsplittern" und flüstert uns dann noch ins Ohr, wenn wir in Not geraten: „Du leidest für Jesus."

Daß man einer frommen Verführung zum Opfer gefallen ist, ist sehr schwer einzusehen, weil sich der Gläubige, der meinte, er sei so weit „fortgeschritten im Glauben", dann eingestehen muß, daß er in den Irrtum verführt wurde. Damit müßte er seine spezielle Lehre, die ihm so viel bedeutete, völlig neu und ehrlich überdenken. Und das ist hart für den Stolz des

Menschen. Doch Paulus ermahnt uns in 1. Timotheus 4,16:

„Achte auf dein Leben und auf deine Lehre; überprüfe sie beide ständig“ (Gute Nachricht).

Das „Manna" ist da – sammeln wir es täglich?

Kehren wir noch einmal zum Ende des 15. Kapitels im 2. Buch Mose zurück, dann wird dort berichtet, daß das Volk Israel nach Elim kam. In Elim waren 12 Wasserquellen und 70 Palmbäume. Endlich eine wundervolle Oase des Friedens mit reichlich Wasser und Schatten! Welch eine Erquickung! Das gibt es auch in der Wüste. Gott sorgt für den Ausgleich. Er gönnt uns Freude und Erquickung, Erholung und Ruhe, aber alles so, daß wir nicht „fett werden" und unseren Gott vergessen.

Im Alten Testament finden wir die Zahl 12 für die Stämme Israels, verbunden mit den 70 Ältesten, die Mose auswählte, um sich die Führungsaufgabe zu erleichtern. Im Neuen Testament haben wir 12 Apostel und andere 70, die Jesus aussandte. Die Zahl 12 weist hin auf Ordnung, auf eine genaue Eingliederung in das Ganze. Neben den 12 Jüngern und den 12 Stämmen ist die Rede von 12 Legionen Engeln, von 12 Toren in dem neuen Jerusalem. Und nachdem Jesus die Fünftausend gespeist hatte, füllten die übriggebliebenen Brocken 12 Körbe. Daneben stehen die Monate, Tage und Stunden in einer Zwölferordnung.

Die Zahl 70 bedeutet Vollständigkeit oder auch Vollkommenheit. Neben der Zahl 70 finden wir die Zahl 7 sehr viel, vor allem in der Offenbarung des Johannes. Man darf wohl daraus schließen, wenn in unserem Text diese beiden Zahlen genannt werden, daß

Gott Seinem Volk dort in Elim einen Vorgeschmack gab von Seiner Ordnung und Vollkommenheit, die Israel im Lande Kanaan erwarteten.

Doch dann geht es weiter, von Elim in Richtung Sinai. Einen Monat waren sie nun schon unterwegs. Sie befinden sich, und das ist sicher bemerkenswert, zwischen Elim, wo sie Gottes Fürsorge und Gnade so reichlich erfahren hatten, und dem Sinai, wo sie sich unter das Gesetz stellten. Denn das Volk Israel antwortete, nachdem Mose ihm alle Worte des Herrn und alle Rechtsverordnungen vorgetragen hatte: „Alle Worte, die der Herr gesagt hat, wollen wir tun" (2. Mose 24,3). Solange der Mensch unter der Gnade Gottes steht, fließt das Erbarmen Gottes, und Seine Segensströme sind für ihn da, wenn er die Gnade ergreift. Sobald der Mensch sich jedoch unter das Gesetz stellt, ist die Situation ganz anders. Gott wird ihn dann erproben, bis der Mensch mit seinem eigenen Können am Ende ist und nach Gnade schreit, weil er keinen Verdienst vorweisen kann; denn er kann das Gesetz nicht halten. Noch hatte sich Israel nicht unter das Gesetz gestellt. Deshalb erleben sie wieder die Gnade Gottes trotz ihrer großen Undankbarkeit. In 2. Mose 16,1-3 heißt es:

> „Von Elim zogen sie aus, und die ganze Gemeinde der Israeliten kam in die Wüste Sin, die zwischen Elim und Sinai liegt, am fünfzehnten Tage des zweiten Monats, nachdem sie von Ägypten ausgezogen waren. Und es murrte die ganze Gemeinde der Israeliten wider Mose und Aaron in der Wüste. Und sie sprachen: ‚Wollte Gott, wir wären in Ägypten gestorben durch des Herrn Hand, als wir bei den

Fleischtöpfen saßen und hatten Brot die Fülle zu essen. Denn ihr habt uns dazu herausgeführt in diese Wüste, daß ihr diese ganze Gemeinde an Hunger sterben laßt.'"

Wie schnell ist doch die harte Zeit unter Pharao vergessen! Wie schnell auch die Wunder, die Gott tat und mit denen Er bewiesen hatte, daß Er Sein Volk retten und nicht vernichten wollte! Aber diese Logik des Glaubens fehlte nicht nur den Israeliten damals – uns geht es doch oft ähnlich. Es ist nur zu wahr, daß die Wüste offenbart, was in uns ist.

Diesmal gibt Gott Antwort, bevor Mose zum Herrn geht. Gott hörte natürlich das ungerechtfertigte, undankbare Reden des Volkes. Uns ist theoretisch selbstverständlich, daß Gott alles hört. Er weiß sogar um unsere sorgenden Gedanken, unser Grübeln und unsere Ängste. Viel davon könnten wir uns sparen, wenn wir mehr auf den Herrn schauen und mit Ihm rechnen würden. Doch „Kindlein" im Glauben können das noch nicht. Damit das Volk Israel nun aber stark und kräftig bleibt und gut durch die Wüste kommt, gibt Gott ihnen vom Himmel, was sie brauchen. Damals kamen am Abend Wachteln über das Lager und am nächsten Morgen lag das Manna da. Das Manna wurde von dem Tag an ihre Speise durch all die Jahre der Wüstenwanderung. Gott gab ganz genaue Anweisungen, wann das Manna gesammelt werden sollte, nämlich morgens früh, bevor es heiß wurde. Denn wenn es heiß wurde, zerschmolz es. Dann durfte es nur an sechs Tagen gesammelt werden. Am Sabbat, den Gott hier neu erwähnt, sollte das Volk nicht sammeln, sondern am Tage vorher so viel, daß es für zwei Tage reichte. Sonst sollte nichts aufgehoben werden, nur eben am Tage vor dem Sabbat. Versuchten sie es an einem anderen Tage, so war es am nächsten Morgen verdorben und ungenießbar. Jeder sammelte so viel, wie er brauchte.

Jesus bezog sich auf dieses Manna, als Er sich selbst als das „Brot des Lebens" bezeichnete (Johannes 6,35). Wir wissen, daß wir unseren Herrn Jesus Christus nur kennenlernen können durch das Wort Gottes. Die ganze Bibel ist voll von Ihm. „Sie ist's, die von mir Zeugnis gibt", sagt Jesus (Johannes 5,39) und meinte damit das Alte Testament. Er, Jesus Christus, ist das Hauptthema im Alten und Neuen Testament. Deshalb kann man nur in Christus wachsen und reifen, wenn wir von diesem „Brot", dem „Worte Gottes", leben.

Mit dem Worte Gottes verhält es sich ähnlich wie mit dem Manna. Die beste Zeit ist am frühen Morgen, wenn es noch nicht so „heiß" geworden ist. Denn während der Hitze des Tages kommen wir meist nicht mehr zu einem ruhigen „Essen" Seines Wortes. Man kann wohl schnell die „Losungen" verschlingen. Aber das hält nicht vor. Das Manna aber mußte reichen bis zum Abend. Das geht nur, wenn wir die Bibel so lesen – kauen wie die Wiederkäuer –, daß wir den Text betend und mehrmals lesen. Spricht er uns dann immer noch nicht an, können wir weitergehen, aber nicht zu schnell. Jeden Tag sollten wir diese Stille vor Gott haben. Auch dabei können wir nicht für Tage im voraus „essen", geistlich gesehen, oder von dem leben, was uns gestern gestärkt hat. Es wird bald fade und verliert den Nährwert und gereicht uns nicht mehr zur Stärkung.

Wie oft haben wir das erlebt! Mancher zog nach einer gesegneten Konferenz mit vielen Notizen heim und erhoffte sich einen erneuten Segen beim Durcharbeiten seiner Notizen. Aber sie sagten ihm nicht mehr viel. Wir können nicht von vergangenen Segnungen leben, sondern brauchen täglich einen frischen Zufluß. Disziplin ist nötig; denn von Natur aus schmeckt uns diese Speise nicht. Da schauen auch wir immer wieder nach den „Fleischtöpfen Ägyptens". Das sind bei dem einen religiöse Bücher, bei dem andern die Zeitung oder das Fernsehen oder andere Dinge, die unser Fleisch viel lieber hat. Vor allem möchte es lieber schlafen. Wenn uns die „stille Zeit" zu einer Gewohnheit geworden ist wie unser tägliches Frühstück, dann können wir sie nachher nicht mehr missen.

Gott ließ nur eine Ausnahme gelten, und das war der Sabbat. Am Sabbat sollten sie nicht früh sammeln. Und ich wage einmal die Übertragung in unsere Situation, daß wir eigentlich am „Sabbat" im Gottesdienst ohne Mühe empfangen sollten.

Ein weiterer tröstlicher Gedanke liegt darin, daß das „Manna" ausreichen wird, bis wir eingegangen sind in die ewige Sabbatruhe. Gott gab Seinem Volk dafür jede Woche einen kleinen Vorgeschmack.

„Durch Seine Armut reich" – materiell?

Doch nun will ich noch auf etwas zu sprechen kommen, was mir in diesem Zusammenhang aufgefallen ist. Gott versorgte Sein Volk täglich mit so viel Brot vom Himmel, wie es brauchte. Selten gab es Fleisch, und das ging dann nicht gut aus. Aber in diesem Brot vom Himmel war alles enthalten, was die Israeliten für ihr körperliches Leben brauchten. Was Gott ihnen jedoch nicht vom Himmel schickte, waren Spielsachen für die Kinder, einen reichlichen Nachtisch, Torte oder einen schönen Teppich, damit es im Zelt gemütlicher wurde. Was ich damit sagen will, ist dieses: Wir haben inzwischen eine Lehre entwickelt, die unseren Wohlstand rechtfertigen soll, die sich so jedoch nicht in der Bibel findet. Oft geht man von dem Wort aus Römer 10,8-10 aus. Dort steht:

> „Das Wort ist dir nahe, in deinem Mund und in deinem Herzen. Dies ist das Wort vom Glauben, das wir predigen. Denn wenn du mit deinem Mund bekennst, daß Jesus der Herr ist, und in deinem Herzen glaubst, daß ihn Gott von den Toten auferweckt hat, dann wirst du gerettet werden. Denn wenn man von Herzen glaubt, so wird man gerecht; und wenn man mit dem Mund bekennt, so wird man gerettet."

Es ist jedoch genau angegeben, was wir bekennen sollen, nämlich Jesus, daß Er der Herr ist, und im Herzen sollen wir glauben, daß Gott Ihn von den Toten auferweckt hat, dann werden wir gerettet. Und danach folgt noch einmal die Zusammenfassung in Vers 10, daß der, der von Herzen glaubt, gerecht wird, und der mit dem Munde bekennt, gerettet wird. Liest man weiter, ist eindeutig von dem Glauben zur Errettung die Rede, nicht aber vom Bekennen irgendwelcher Wünsche, auf die ich meine einen „Anspruch" zu haben. Das Gebäude dieser Lehre wird dann weiter ausgebaut mit dem Vers über das Eingepfropftsein der wilden Ölzweige, der Nichtjuden, in den Ölbaum Israel. Damit, so besagt diese Lehre weiter, bekämen wir auch einen „Anspruch" auf alle Verheißungen, die bisher nur Israel galten. Was Paulus aber in Römer 11 klarmachen will, ist, daß sich die Nichtjuden nicht über Israel überheben sollen, weil sie auch der Gnade teilhaftig wurden. Sie sollen nie vergessen, was sie Israel verdanken. Man sollte nie von „Bibelsplittern" leben, sondern solche Verse immer im Zusammenhang lesen! Wir brauchen die Ausgewogenheit! Ich weiß wohl, daß die Lehre vom positiven Bekennen sehr faszinierend ist, wenn man hier einen Vers wegholt und dort einen aus dem Zusammenhang reißt und der Hörer oder Leser sich nicht die Mühe macht, das Umfeld zu beachten, wo diese Bibelstellen stehen.

Es stimmt auch, daß viele Kinder Gottes es nötig haben, ihr Denken unter die Zucht des Heiligen Geistes zu bringen und zu lernen, mehr nachzudenken über das, was erfreulich ist, was als Tugend gilt oder Lob verdient (Philipper 4,8), als über die negativen Dinge. Es ist auch wahr, daß unser Denken viel mehr ausgefüllt sein sollte mit dem Wort Gottes. Aber dadurch, daß wir Kinder Gottes sind und damit auch Abrahams Nachkommen und nach der Verheißung Erben (Galater 3,29), sind wir noch lange nicht Erben der irdischen Verheißungen an Israel, sondern „Gottes Erben und Miterben Christi“ (Römer 8,17). Auch diese Stelle sollte im Zusammenhang gelesen werden. Man kann 5. Mose 28 nicht auf die Gemeinde übertragen. Dann müßten auch alle Kinder Gottes auswandern nach Israel. Man kann auch nicht einfach Psalm 91 zitieren und mit ihm begründen wollen, daß ein Kind Gottes von keiner Krankheit, keinem Unfall und keinem Krieg heimgesucht wird. Wer „bleibt denn im Schatten des Allmächtigen“? Betrifft das nicht allein den Messias, Jesus? Satan verstand den Psalm offenbar prophetisch; denn er zitierte daraus, als er Jesus in der Wüste versuchte.

Geistlich gesunde Christen haben einen großen Hunger nach dem „unausforschlichen Reichtum Christi“ (Epheser 3,8), nach dem „Reichtum seiner Güte, Geduld, Langmut“ (Römer 2,4), nach dem „Reichtum seiner Herrlichkeit“ (Römer 9,23), nach der „Tiefe des Reichtums, der Weisheit und der Erkenntnis Gottes“ (Römer 11,33) und nach dem „Reichtum seiner Gnade“ (Epheser 1,7). Auch das Wort aus 2. Korinther 8,9 „Denn ihr kennt ja die Gnade unseres Herrn Jesus Christus: obwohl er reich war, wurde er doch arm um euretwillen, damit ihr durch seine Armut reich werdet“ kann sich nur auf geistlichen Reichtum beziehen. Oder meint jemand wirklich im Ernst, daß sich dieses Wort auf den vergänglichen Reichtum dieser Welt bezieht? Jesus hat eine andere Haltung zum irdischen Reichtum. Davon steht geschrieben in Lukas 16,11:

> „Wenn ihr nun mit dem ungerechten Mammon nicht treu seid, wer wird euch dann das wahre Gut anvertrauen?“

Ferner in Matthäus 13,22:

„Bei dem aber unter die Dornen gesät worden ist, das ist der, der das Wort hört, und die Sorge dieser Welt und der betrügerische Reichtum ersticken das Wort, und so bleibt es ohne Frucht."

Wenn uns Reichtum zufällt, dann sollen wir das Herz nicht daran hängen (Psalm 62,11). Wir haben, um zu geben. Unsere Gaben, die wir geben, sollen wachsen, aber nicht unser Lebensstandard. „Wenn wir aber Nahrung und Kleidung haben, so wollen wir uns damit begnügen" (1. Timotheus 6,8). Gewiß ist es so, daß, wenn „der Herr unser Hirte ist, uns nichts mangelt" (Psalm 23,1) in dem Sinne, daß uns nichts fehlt von dem, was Gott für uns für gut und heilsam hält. „Er gab ihnen ihres Herzens Verlangen und sandte ihnen genug, bis ihnen davor ekelte", steht auch in der Bibel (Psalm 106,15) – aber es wurde kein Segen. Wiederum steht geschrieben: „Du erfüllst ihm seines Herzens Wunsch und verweigerst nicht, was sein Mund bittet" (Psalm 21,3). Der Wunsch eines gesunden Gläubigen ist aber doch wohl, daß der Wille Gottes geschieht und daß Er verherrlicht wird. Es geht doch nicht um ein dickes Auto, eine Urlaubsreise oder noch mehr Luxus. Wenn Gott uns das schenkt in Seiner Gnade, dann sollten wir diese Gaben in der Gesinnung Jesu verwalten. Und Seine Gesinnung war die der Entäußerung, des Verzichts bis hin zum Opfer Seines Lebens (Philipper 2).

Doch diese Gesinnung ist so selten geworden. Statt dessen sagt man uns, wir müssen nur bekennen, es aussprechen mit unserem Munde, immer und immer wieder uns auf die Verheißung berufen, die gerade in unsere Situation paßt, dann werden wir gemäß unserem Wort empfangen. Gehen wir mit dieser Lehre einmal in den Osten, in die Zwangsarbeitslager, in die Gefängnisse, wo unsere Brüder und Schwestern um Jesu willen leiden, sagen wir diese Lehre den Müttern mit den Kindern, die ihrer Männer und Väter beraubt wurden und kaum wissen, wovon sie jetzt leben sollen! Spätestens dann merken wir, wie töricht und falsch diese Lehre ist. Paulus bezeugt eine ganz andere Erfahrung in 1. Korinther 4,10-13:

> „Wir sind Narren um Christi willen, ihr aber seid klug in Christus; wir schwach, ihr aber stark; ihr herrlich, wir aber verachtet. Bis auf diese Stunde leiden wir Hunger und Durst, sind dürftig gekleidet, werden geschlagen und haben keine feste Bleibe und mühen uns ab mit unsrer Hände Arbeit. Man schmäht uns, so segnen wir; man verfolgt uns, so dulden wir's, man beschimpft uns, so reden wir freundlich. Wir sind wie der Abschaum der Menschheit geworden, jedermanns Kehricht, bis heute."

Und daß dies keine Ausnahme war, können wir auch noch nachlesen in Philipper 4,11-14:

> „Ich sage das nicht, weil ich Mangel leide; denn ich habe gelernt, mich mit dem zu begnügen, was ich vorfinde. Ich kann arm sein, ich kann reich sein: mir ist alles und jedes vertraut; satt sein und hungern, Überfluß haben und Mangel leiden: alles vermag ich durch den, der mich stark macht. Doch ihr habt gut daran getan, daß ihr euch meiner Bedrängnis angenommen habt."

Wenn uns etwas verheißen ist, dann ist es Trübsal, Verfolgung, Leid, aber das alles wird uns „nicht scheiden von der Liebe Gottes, die in Christus Jesus ist, unserem Herrn" (Römer 8,39). Wenn es diese schweren Führungen für uns Gläubige nicht geben dürfte, warum müssen sie dann in Römer 8,35-39 noch aufgezählt werden?

„Wer will uns scheiden von der Liebe Gottes? Trübsal oder Angst oder Verfolgung oder Hunger oder Entbehrung oder Gefahr oder Schwert? wie geschrieben steht (Psalm 44,23) „Um deinetwillen werden wir getötet den ganzen Tag; wir sind geachtet wie Schlachtschafe". Aber in dem allem überwinden wir weit durch den, der uns geliebt hat. Denn ich bin gewiß, daß weder Tod noch Leben, weder Engel noch Mächte noch Gewalten, weder Gegenwärtiges noch Zukünftiges, weder Hohes noch Tiefes, noch irgendein anderes Geschöpf uns scheiden kann von der Liebe Gottes, die in Christus Jesus ist, unserm Herrn."

Das Problem ist: wir sind nicht mehr bereit, die Gesinnung Jesu auszuleben. Wir wollen nicht mehr bis zum wirklichen Opfer gehen. Es kostet uns zuviel an Selbstaufgabe, Verzicht, Bequemlichkeit und Wohlstand. Nicht, daß wir durch unser Opfer etwas hinzutun könnten zu unserer Erlösung, aber die Gesinnung Jesu, zum letzten Opfer bereit zu sein, muß in uns sein. Wenn unser Dienst und unsere Hingabe an Jesus uns kein Opfer abverlangen – nicht von den Angehörigen oder den Kindern –, sondern von uns ganz persönlich, dann ist es nicht viel wert. Wie werden wir einmal dastehen vor dem Preisrichterstuhl Christi?

Bei Israel wird ganz deutlich, was Gott als nötig für sie ansah. Die tägliche Versorgung mit guter, aber nicht gerade abwechslungsreicher Kost. Und bei der Bekleidung sorgte Gott dafür, daß sie nicht alt wurde und verschliß. Ich denke, das besagt genug. Auch wenn wir „Königskinder" sind, so heißt das nicht, daß wir deshalb einen „Anspruch" haben auf alle Güter dieser Welt. Vielmehr sollen wir uns freuen, daß wir schon unser Bürgerrecht im Himmel haben. Und hier sollten wir leben wie Gäste und Fremdlinge und zusehen, daß weder unser Gewicht noch unser Gepäck zu schwer wird. Was wir „reichlich" essen sollen, ist das Wort Gottes, damit wir uns die Gesamtschau der Bibel zu eigen machen, ausgewogen werden und Gefahren schneller erkennen. Doch unserem Wissen müssen die Taten folgen, sonst werden wir eingebildet. Die beste Bibellehre in der Gemeinde kann das eigene Bibelstudium nicht ersetzen. Ich wage gar nicht zu fragen, wer seine Bibel wenigstens einmal ganz durchgelesen hat, obwohl er schon Jahre ein Kind Gottes ist. Wir haben es einmal in einer freikirchlichen Gemeinde getan – welch ein Ergebnis! Es war uns danach vollkommen klar, warum diese Kinder Gottes noch so viele Züge eines „Babys" trugen. Die Bibel ist wie ein Brief Gottes, des Vaters, an Seine Kinder. Alles, was darinsteht, ist wichtig. Welche Irrtümer kann es geben, wenn wir bei einem Brief, den wir erhalten, nur in der Mitte etwas lesen und dann wieder nur den Schluß! Wir würden das auch kaum machen, wenn der Brief von einem Menschen kommt, den wir liebhaben und der uns kostbar ist. So ist es eine Frage der Liebe zu Gott, unserem Herrn, ob wir Sein Buch ganz durchlesen und immer wieder durchlesen, so lange und so oft, bis wir einen Überblick haben und in den Linien Seines Willens wandeln können. Tun wir das doch! Sehen wir es als vordringlich an! Oder müssen wir erst unserer Bibeln beraubt werden, damit wir diesen kostbaren Schatz zu würdigen lernen? Dort ist die Quelle des Reichtums, den weder Motten noch Rost, weder Wirtschaftskrise noch Inflation rauben können.

Trinken – oder Erquickung im Schnellverfahren?

Kommen wir nun zu Kapitel 17 des 2. Buches Mose. Dort wird in den Versen 1-4 berichtet:

„Und die ganze Gemeinde der Israeliten zog aus der Wüste Sin weiter ihre Tagereisen, wie ihnen der Herr befahl, und sie lagerten sich in Rafidim. Da hatte das Volk kein Wasser zu trinken. Und sie haderten mit Mose und sprachen: Gib uns Wasser, daß wir trinken. Mose sprach zu ihnen: Was hadert ihr mit mir? Warum versucht ihr den Herrn? Aber als dort das Volk nach Wasser dürstete, murrten sie wider Mose und sprachen: Warum hast du uns aus Ägypten ziehen lassen, daß du uns, unsere Kinder und unser Vieh vor Durst sterben läßt? Mose schrie zum Herrn und sprach: Was soll ich mit dem Volk tun? Es fehlt nicht viel, so werden sie mich noch steinigen."

Die Haltung des Volkes ist tragisch. Aber so ist der Mensch! So sind auch wir, sobald wir im Fleisch wandeln, d. h. nach unserer alten Art. Dann reagieren wir wie die Welt, verlangen unser „gutes Recht" und setzen uns durch. Man nennt das heute zwar „Selbstverwirklichung", aber es ist schlichtweg krasser Egoismus. Das Volk klagt wieder vor Mose. Es ist viel leichter, zu Menschen zu laufen, bei diesem oder jenem anzurufen, als direkt zum Herrn zu gehen und einmal ruhig zu werden. Doch Mose flieht zum Herrn. Er schreit zu Ihm. Und Gott, der gern antwortet, wenn wir nur zu Ihm rufen, zeigt Mose, was er tun soll. Die Verse Jeremia 33,3: „Rufe mich an, so will ich dir antworten und will dir kundtun große und unfaßbare Dinge, von denen du nichts weißt“ und Micha 7,7: „Ich aber will auf den Herrn schauen und harren auf den Gott meines Heils; mein Gott wird mich erhören“ unterstreichen diese Bereitschaft Gottes. Diesmal soll Mose wieder seinen Stab und einige Älteste des Volkes mitnehmen: und er soll den Fels, auf dem Gott sich befindet und den Er genau bezeichnet, schlagen. Dann wird Wasser herausströmen, und das Volk kann trinken.

Die Bedeutung dieser Handlung und Erfahrung steht in 1. Korinther 10,4: „Sie tranken nämlich von dem geistlichen Felsen, der ihnen folgte; dieser Fels war Christus.“ Ein Geheimnis für Israel damals. Für uns ist es verständlicher. Der Fels ist Christus, der lebendiges Wasser gibt, um unseren Durst zu stillen. Darüber sprach Jesus zur Samariterin und bot ihr dieses lebendige Wasser an, das in ihr eine Quelle werden würde (Johannes 4). Auch Seinen Jüngern gegenüber sprach Er von den „Strömen lebendigen Wassers“, die fließen werden. Das sagte Er aber von dem Heiligen Geist (Johannes 7,38-39).

So gehen wir wohl nicht zu weit, wenn wir bei unserer Deutung für uns daraus schließen, daß wir den Vater im Himmel immer wieder um den Heiligen Geist bitten dürfen, den Er Seinen Kindern gern gibt. Wenn wir das Bitten unterlassen und dann langsam austrocknen, ist das unsere Sache. Gott lädt uns ein, daß der, den dürstet, kommen soll und das Wasser des Lebens umsonst nehmen darf (Offenbarung 22,17). Es geht um das Bitten und Empfangen. Wir empfangen im geistlichen Bereich durch den Glauben, nicht zuerst im Gefühl. Ein einmaliges Empfangen ist zwar der Anfang, doch wir müssen bei dem „Wasser“ bleiben und immer wieder davon trinken. Israel mußte das tun, und uns geht es darin nicht anders. Wer nur einmal getrunken hat und meint, damit für den Rest seiner Wanderung durch die Wüste auszukommen, der irrt sich gewaltig. Manchmal hört es sich so an in den Zeugnissen. Das Bleiben in Jesus, die Abhängigkeit von Ihm, von Seinem Zufluß durch das Lesen der Bibel, das Preisen Seiner Herrlichkeit und das Gebet sind unverzichtbar für ein Kind Gottes, das frisch bleiben möchte in dieser unserer Wüste. Manche möchten solchen Zufluß auch auf schnellerem Weg, durch eine Segnung, durch den Dienst der Handauflegung. Gott ist so freundlich und beschenkt uns auch oft auf diesem Wege. Aber der Segen hält nicht lange. Wir müssen selbst zur Quelle gehen und es lernen, darin ein Stück „Selbstversorger“ zu werden.

Mir ist dabei Elisa immer ein Vorbild, der sich nicht abwimmeln ließ von Elia. In 2. Könige 2 wird davon berichtet. Weder war er bereit, in Gilgal zu bleiben, der Stätte des Gedenkens an Gottes Taten, noch in Bethel, dem traditionsgeladenen Ort, wo die Gegenwart Gottes besonders erfahren wurde. Auch Jericho ließ Elisa gern hinter sich, um seinen Meister zu begleiten – Jericho, wo die Gesetze des geistlichen Kampfes und Sieges offenbar wurden. Schließlich gingen sie gemeinsam zum Jordan, der Stätte des Todes, der Trennung und der Grenze. Auch da wich Elisa nicht von Elias Seite. In seinem Herzen brannte nur *ein* Wunsch: wenn ich doch ein doppeltes Teil des Geistes Elias haben könnte! Diesen Wunsch erfüllt zu sehen war ihm weit mehr wert, als an den verschiedenen Orten zu bleiben, an denen wir so gern verweilen, statt vorwärts zu gehen! Auch wir sollten bei unserem „Elia“ bleiben und ausharren, bis wir das Maß empfangen haben, das Gott uns zugedacht hat. Dabei gibt es keinen Weg der Abkürzung. Nur wer bittet, empfängt. Wer klopft, immer wieder, dem wird aufgetan, und wer sucht, es sich etwas kosten läßt, der wird finden (Lukas 11,10).

Bei uns in der Not
oder immer Rettung aus der Not?

Gerade an dem Ort, wo sich Christus als das lebendige Wasser offenbart und das Volk Israel wieder eine neue herrliche Erfahrung macht, greift der Feind an. 2. Mose 17,8 heißt es:

> „Da kam Amalek und kämpfte gegen Israel in Rafidim."

Er stritt wider Israel in Rafidim. Nehmen wir 5. Mose 25,17+18 dazu, dann wird deutlicher, welche Taktik der Feind anwandte. Dort heißt es:

> „Denke daran, was dir die Amalekiter taten auf dem Wege, als ihr aus Ägypten zogt: wie sie dich unterwegs angriffen und deine Nachzügler erschlugen, alle die Schwachen, die hinter dir zurückgeblieben waren, als du müde und matt warst, und wie sie Gott nicht fürchteten."

Die letzten des Heeres griff er an, die Schwachen, als sie müde und matt waren. Eigentlich hätte das gar nicht passieren dürfen; denn als Israel aus Ägypten zog, „war kein Gebrechlicher oder Schwacher unter ihren Stämmen", heißt es in Psalm 105,37. Offenbar hatten sich einige nicht richtig ernährt von dem Brot des Himmels, dem Manna, und das Trinken von dem Wasser des geschlagenen Felsens vernachlässigt. So wurden sie müde und matt und kamen nur langsam voran. Diese griff der Feind an.

Das sind immer gefährliche Zeiten, wenn wir abgespannt sind, müde und überreizt. Dann braucht es gar nicht viel, und wir vergessen uns im Ton und reagieren unangemessen, greifen zur Lüge und erleben Niederlagen. Die Amalekiter waren Nachkommen Esaus, der nach dem Fleisch wählte (1. Mose 25,29-34). So versucht uns der Feind durch unsere eigene alte Art, lockt mit Lüsten und Begierden und nutzt unsere Schwachheit aus. Ob wir in den Amalekitern unsere sündige Natur direkt sehen, mit der wir zu kämpfen haben, oder aber den Feind dahinter, Satan, spielt kaum eine Rolle. Wichtig ist, daß wir erkennen, wann wir besonders gefährdet sind: einmal besonders nach einem Sieg, einem besonderen Segen, wie bei Israel, als es die Erquickung durch das lebendige Wasser erfuhr. Oder aber, wenn unser Abstand zur „Wolke" größer wird, wir nicht mehr Schritt halten und zurückbleiben.

Ich kann mir nicht denken, daß dieser Angriff ohne Verwundungen, ohne Verletzte oder sogar Tote abging. Das bestätigt ja auch der oben zitierte Vers aus 5. Mose 25. Solche Erfahrungen bleiben uns allen wohl nicht erspart. Es ist beschämend für uns, daß wir unserem Gott immer erst dann richtig nahe sind und außer Ihm nichts mehr wollen, wenn uns das irdische Glück zerronnen ist und wir Not und Schmerzen leiden. Hat sich die Situation wieder gebessert, hat Gott das Nachsehen. So sind Schmerzen und Leiden unerläßlich, um uns zu Gott zu treiben und bei Ihm zu halten.

Die Amalekiter wurden wohl deshalb nicht von Gott aufgehalten oder schon vor dem Angriff vernichtet – das wäre für Gott ja kein Problem gewesen – weil Er diese Lektion des Kampfes an zwei Fronten für notwendig erachtete. Das Volk sollte dadurch wieder ganz anders seinem Gott ergeben sein und etwas Neues lernen. Gott bewahrt nicht immer vor dem Feind. Er rettet auch nicht immer aus der Not. Aber Er ist bei uns in der Not. Er reißt auch nicht immer heraus. Das sieht man z. B. bei den Propheten oder bei Stephanus. Sie starben um ihrer Botschaft willen. Und Gott griff nicht ein. Manchmal handelte Gott auch anders, etwa bei Petrus, den Er durch einen Engel aus dem Gefängnis holte. Und man kann ja wohl nicht behaupten, daß bei Stephanus, dem Mann „voll Glauben und Heiligem Geist" (Apostelgeschichte 6,5), etwas nicht stimmte. Es wird auch deutlich, daß der Herr bei ihm war in der Not. Und Er hat ihn auch herausgerissen, nur anders, nicht in das irdische Leben zurück, sondern in das ewige Leben hinein.

Auch bei diesem Problemkreis müssen wir aufpassen, daß wir nicht irgendwie abrutschen in Extreme. Mir sind die drei Männer, die in den Feuerofen geworfen wurden, weil sie das goldene Bild und die Götzen Nebukadnezars nicht anbeten wollten, mit ihrer ausgewogenen Antwort vorbildlich. Sie sagten:

> „Wenn unser Gott, den wir verehren, will, so kann er uns erretten; aus dem glühenden Ofen und aus deiner Hand, o König, kann er erretten. Und wenn er's nicht tun will, so sollst du dennoch wissen, daß wir deinen Gott nicht ehren und das goldene Bild, das du hast aufrichten lassen, nicht anbeten wollen" (Daniel 3,17+18).

Gott bewahrte sie damals wunderbar. Aber das ist nicht die Regel. Es ist besser, wir geben zu, daß wir Gott in Seinem Handeln oft nicht verstehen. Wir wollen Ihm vertrauen, daß Er in jeder Not bei uns ist und uns nicht versuchen läßt über unser Vermögen.

Andererseits werden wir hier zubereitet für eine

ganze Ewigkeit, für einen höheren Dienst. Und da sind Lehrjahre auch keine Herrenjahre. Wo ist ein Vater, der seinen Sohn nicht züchtigt, wenn aus ihm etwas werden soll? Haben wir es nicht nötig? Wie lernt man anders zu kämpfen als dadurch, daß man angegriffen wird!

Mose erteilt seine Befehle und zeigt damit auch uns, wie wir zu kämpfen haben. Josua sollte Männer auswählen, die fähig waren zu kämpfen, und mit ihnen sollte er in den Kampf ziehen. Mose nahm Aaron und Hur mit sich und stieg auf den Gipfel des Berges. Dort wollte er mit dem Stab Gottes in der Hand zum Herrn flehen. Auf dem Berg hatte Mose Abstand, aber auch einen guten Überblick. Dort oben war er abgeschlossen und wurde nicht abgelenkt durch das Volk. Es wird uns berichtet, daß, sobald Mose seine Hand emporhielt, Israel siegte, ließ er sie aber sinken, dann siegte Amalek. Schließlich wurden ihm die Hände schwer. Da schoben Aaron und Hur ihm einen Stein hin, daß er sich setzen konnte, und beide stützten dann seine Arme, bis die Sonne unterging und Israel einen vollen Sieg davongetragen hatte.

Glauben wir nur nicht, daß diese Haltung angenehm war. Das war eine Anstrengung! Man mag sich fragen, warum der Sieg von den erhobenen Armen abhing. Wer seine Hände emporhebt, seine leeren Hände – nur in einer Hand den Stab Gottes, und wir erinnern uns sicher an seine Bedeutung für uns – der drückt dadurch seine Bedürftigkeit aus, seine Abhängigkeit. Erhobene Hände sollen hier ausdrücken: „Wir erwarten alles von Dir, o Gott. In uns ist nichts, was tauglich ist!“ Wenn wir diese Haltung einnehmen, vor allem innerlich – und wenn wir es äußerlich ausdrücken, schadet es sicher nicht –, dann werden wir durch den kostbaren Namen Jesus siegen, ja, mehr als Überwinder sein. Mose hat durchgehalten dank der Unterstützung durch Aaron und Hur. Wir geben oft im Gebet viel zu schnell auf und jubeln oft zu früh. „Bis die Sonne untergeht“ (2. Mose 17,12), heißt es durchzuhalten. Es war eine kleine Gebetszelle, aber eine Gebetszelle, wobei die drei eins waren. Alle waren überzeugt von der Notwendigkeit des Durchhaltens; denn keiner gab vorher auf. Eine solche Zelle, wo es am leichtesten ist, zu wirklicher Einheit zu kommen, oder besser noch, sie schon zu haben, ist die Ehe. Wenn sich Ehepartner die Zeit nehmen zur gemeinsamen Fürbitte, was kann da geschehen!

Gott erfüllt Seine Verheißungen auch ohne unser Beten – wirklich?

Mir ist aufgefallen, daß manche Gotteskinder der Auffassung sind, daß, wenn Gott etwas verheißen hat, Er das auch tut. Denn so steht es in der Bibel. Es wird sich ganz gewiß erfüllen. Ja, dieser Meinung bin ich auch. Doch ein Unterton, der dabei mitschwingt, gefällt mir nicht. Stillschweigend meinen nämlich manche, daß wir daran, daß sich Verheißungen erfüllen oder nicht erfüllen, gar nicht beteiligt sind. Viele Kinder Gottes z. B. freuen sich über die Rückkehr der Juden in ihr Land und rechnen damit, daß die Zahl noch wächst. Wir warten auf die Wiederkunft Jesu zur Entrückung derer, die bereit sind. Doch was tun wir dafür? Kommt das alles ohne unser Zutun zustande? Als Gott dem Propheten Elia sagte, er solle sich Ahab zeigen, weil Er wieder Regen schicken wollte, da ging Elia nicht nach Hause nach dem anstrengenden Tag auf dem Karmel, sondern er stieg weiter auf den Berg und begann zu beten um den Regen (1. Könige 18,41-46), obwohl Gott ihm gesagt hatte: „Ich will regnen lassen auf die Erde" (1. Könige 18,1). War das Unglaube? Nein, es war die Wechselbeziehung zwischen Gott und uns Menschen, es war ein ausgewogenes Handeln des Propheten. Er betete sieben Mal. Das war ein anhaltendes Gebet, bis er eine kleine Wolke sah.

Ähnlich war es bei Daniel. Er las in dem Propheten Jeremia, daß Gott eine Zeitspanne von 70 Jahren für

Sein Volk bestimmt hatte, während der es in der Verbannung in Babylon bleiben sollte. Daniel stellte fest, daß die 70 Jahre um waren und, statt sich zu freuen und gespannt zu sein, was nun kommt, beginnt er inständig zu beten, daß Gott das, was Er verheißen hatte, nun auch tun möchte. Und damit das Hindernis, nämlich die Schuld seines Volkes, Gott nicht mehr hindere, bekennt er sie stellvertretend vor Gott (Daniel 9).

Auch die 120 Jünger zu Jerusalem hatten die Verheißung, daß sie schon in wenigen Tagen angetan werden sollten mit der Kraft aus der Höhe. Sie sollten die Verheißung des Vaters empfangen, die Taufe im Heiligen Geist. Jesus hatte ihnen gesagt, sie sollten bis zu jenem Ereignis in Jerusalem bleiben. Diese 120 Jünger aber blieben nicht nur in der Stadt, sondern sie waren täglich einmütig beieinander und beteten. Sie erflehten die Erfüllung der Verheißung (Apostelgeschichte 1,1–14).

Jesus lehrte uns beten: „Dein Reich komme" (Matthäus 6,10). Ob wir das nicht wieder lernen müssen? Anhaltend? Sollten wir nicht so um die Entrückung beten? Und anhaltend beten, daß Gott nach Seinem Wort handeln und die Juden herausholen möchte aus den Ländern, wo man sie so schändlich behandelt und wo von Menschenrechten keine Rede mehr ist? Sollten wir nicht beten, daß Sein Reich bald kommt angesichts all der Katastrophen, die unsere arme Erde heute schütteln? Da haben wir wohl noch einen großen Nachholbedarf. Dieses anhaltende Gebet ist nicht nötig, um Gott umzustimmen, sondern um in der unsichtbaren Welt der Finsternis Bahn zu machen für das Gute, das Gott uns zukommen lassen will.

Josua kämpfte damals im Tal mit seinen Männern gegen sichtbare Feinde. Gebet, anhaltendes Gebet, ist ein Kampf mit den unsichtbaren Fürstentümern und Gewalten (Epheser 6,12). Daniel läßt uns da hinter die Kulissen schauen. In Daniel 10 lesen wir von der Antwort auf sein Gebet, die der Engel ihm überbringen sollte. Der Engel sagt ihm:

> „Fürchte dich nicht, Daniel; denn von dem ersten Tage an, als du von Herzen begehrtest zu verstehen und anfingst, dich zu demütigen vor deinem Gott, wurden deine Worte erhört, und ich wollte kommen um deiner Worte willen. Aber der Engelfürst des Königreichs Persien hat mir einundzwanzig Tage widerstanden; und siehe, Michael, einer der Ersten unter den Engelfürsten, kam mir zu Hilfe, und ihm überließ ich den Kampf mit dem Engelfürsten des Königreichs Persien“
> (Daniel 10,12+13).

In der unsichtbaren Welt, den anderen Dimensionen, finden Kämpfe statt, von denen wir kaum eine Ahnung haben. Sie können die Antwort Gottes aufhalten. Deshalb müssen wir durchhalten im Gebet und nicht aufgeben. Das läßt sich natürlich in einer kleinen Gruppe viel leichter praktizieren als allein. Dazu brauchen wir immer wieder den Ausblick, wie Mose auf dem Berg, um zu sehen, was sich bereits erfüllt hat, was Gott schon erhört hat.

Ich kann manchmal nicht verstehen, daß uns Menschen in großer Not anrufen und um unsere Gebetsunterstützung bitten, und mein Mann und ich tun das sofort und treu auch in den folgenden Tagen, nur – dann hören wir nichts mehr. Manchmal rufen wir an und hören am anderen Ende, daß alles wieder gut sei, so selbstverständlich, als hätte gar keine Not bestanden. Wer um Fürbitte ersucht wird, der sollte auch sofort erfahren, wenn Gott das Gebet erhört hat.

Die „Wüste" – Durchgang zur Herrlichkeit

Nach diesem Kampf baute Mose den ersten Altar und nannte ihn „Der Herr mein Feldzeichen" (2. Mose 17,15), und dann betonte er, daß der Herr wider Amalek kämpfen wird von Kind zu Kindeskind. Dieser Kampf wird nicht aufhören, heißt das. So lernte das Volk unter dem Druck der Umstände eine neue Lektion.

Auch unser Herr wurde durch Leiden vollendet (Hebräer 2,10). Anders geht es bei uns wohl auch nicht. Die Wüstenwanderung bot dem Volk immer wieder neue Möglichkeiten, sich selbst zu erkennen, aber auch seinen Gott in Seiner Gnade und Seinem Erbarmen besser kennenzulernen. Es folgten noch eine Reihe von Stationen und Lektionen. Das Ziel Gottes aber war nicht die Wüste, sie war nur Durchgang. Ziel war das Land Kanaan, ein Land, in dem Milch und Honig fließt (2. Mose 3,17). Und dieses Land mußte im Kampf eingenommen werden.

Trotzdem kann es ein Bild für die künftige Herrlichkeit sein. Denn ich glaube, daß wir die Geschichte Israels, die sich uns im Alten Testament als chronologisches Geschehen darstellt, zuerst Ägypten, dann Wüste und schließlich Kanaan, für uns als etwas Gleichzeitiges sehen dürfen. Wir sind noch in der Welt, doch nicht mehr von der Welt (Johannes 15,19). Aber wir können die Welt rein äußerlich nicht verlassen, denn dann müßten wir umziehen auf einen anderen Planeten. Israel dagegen konnte und mußte Ägypten verlassen. Für uns kommt es darauf an, daß wir die Welt nicht mehr liebhaben (1. Johannes 2,15). Gehören wir aber nicht mehr zur Welt, weil wir erlöst sind, dann leben wir gewissermaßen in der „Wüste". Was Israel in der Wüste erlebte, das ist dann ein Stück weit auch unsere Erfahrung. Zeiten der Erquickung und besonderer Segnungen wechseln mit Zeiten der Not, der Dürre. Wir sind immer wieder angefochten, stehen im Kampf und wandeln noch im Glauben. Gleichzeitig dürfen wir aber schon die „Kräfte der zukünftigen Welt schmecken" (Hebräer 6,5). Wir erleben davon noch nicht die ganze göttliche Fülle, sondern immer nur einen kleinen Vorgeschmack. Wir warten noch auf unseres Leibes Erlösung (Römer 8,23). Noch ist der Acker um unseretwillen verflucht, so daß wir uns mit Kummer von ihm nähren müssen (1. Mose 3,17). Dieser Fluch ist noch nicht aufgehoben, „denn wir wissen, daß alle Kreatur sehnt sich mit uns und ängstet sich noch immerdar" (Römer 8,22). Gott ließ uns in unserem Geist neu werden, arbeitet an der Umgestaltung unserer Seele und gibt uns nach Seinem weisen Plan auch schon gelegentlich einen kleinen Vorgeschmack der Erlösung unseres Leibes, indem Er uns von Krankheit heilt. Doch das Ziel ist die Herrlichkeit, die Stadt, deren Baumeister Gott ist (Hebräer 11,10), das überfließende Leben im Vollsinn des Wortes in alle Ewigkeit. Bis zu diesem Ziel will Er uns unsträflich bewahren, wenn wir uns bewahren lassen und in den Linien Seines Wortes wandeln. Und wenn wir dann dort ankommen, können wir nur die Gnade rühmen, die uns durchbrachte, uns hielt und so oft bewahrte, oft ohne, daß wir es wußten. Denn daß wir noch bei Ihm sind und Er noch mit uns ist, verdanken wir allein Seiner Gnade. Ihn wollen wir rühmen!

Von derselben Autorin erschienen im Verlag Hans-Rudolf Hintermann folgende Titel:

Getrost allezeit
(16 Seiten)

Die Entrückung – das nächste große Ereignis?
(60 Seiten)

Allezeit Sieg – aber wie?
(64 Seiten)

Mut zum Glauben
(80 Seiten)
Wie Menschen der Bibel Glauben praktizierten

Nichts wird euch beschädigen
(48 Seiten)
Die Waffenrüstung nach Eph. 6

„... und Schmerz wird nicht mehr sein..."
(16 Seiten)
Ein Wort an Kranke

Zwei Hefte zum Geburtstag:
„Herzliche Segenswünsche zum Geburtstag"
je (16 Seiten)

„Herzliche Teilnahme"
(16 Seiten)
Kondolenzheft

Ohne Sorgen leben
(16 Seiten)

Weitere Bücher aus dem Verlag Schulte + Gerth:

Leonard Ravenhill
Erweckung nach dem Herzen Gottes

Erweckung hat immer etwas mit der persönlichen Beziehung zu Gott, mit Gebet und Fürbitte zu tun. Diese Wahrheit versucht der Autor mit einer bildhaften und drastischen Sprache seinen Lesern nahezubringen. In schonungsloser Offenheit deckt er den frommen Aktivismus der Gemeinden auf, beschreibt Fehlentwicklungen und fordert zur Umkehr heraus. Sein Fazit: Erst wenn die Christen sich wieder auf Gott und seine Vorstellungen besinnen, werden sie eine Erweckung erleben.
Taschenbuch
128 Seiten
Best.-Nr. 15 569

Horst Stricker
Gemeinde im Aufbruch

Wenn eine Gemeinde sich aufmacht, göttliche Strukturen wiederzuerlangen, dann geht es nicht ohne Nöte ab. Diese Erfahrung mußte auch die Gemeinde in Kempten machen, als sie sich bereit erklärte, die alten Weinschläuche abzulegen, um Platz für den neuen Wein zu schaffen.
Taschenbuch
256 Seiten
Best.-Nr. 15557

Kurt Weber
Bibelübersetzungen unter der Lupe

Ein Wegweiser für Bibelleser. Der Autor hat sein bekanntes Buch völlig neu bearbeitet und erweitert. So ist unter anderen auch die neue Übersetzung „Hoffnung für alle“ mit aufgenommen worden.
Taschenbuch
256 Seiten
2. Auflage
Best.-Nr. 15 559

Emalyn Spencer
Sie lacht des künftigen Tages

Die Verfasserin hat im letzten Kapitel der Sprüche eine Fundgrube für die Lebensweise einer Frau nach dem Willen Gottes entdeckt. Jeder Abschnitt greift eine der beschriebenen Tugenden heraus und endet mit persönlichen Fragen an die Leserin.
Taschenbuch
144 Seiten
3. Auflage
Best.-Nr. 15 508

Arthur Wallis
Leben ohne Kompromisse

Ein leider allzuoft zutreffendes Kennzeichen der Christen ist ihre Lauheit und Kraftlosigkeit. Grund: die große Bereitschaft, Kompromisse zu schließen. Biblischer Anspruch und gemeindliche Wirklichkeit klaffen weit auseinander. Dabei fordert Gott den vollen Gehorsam seinem Wort gegenüber.
Taschenbuch
240 Seiten
2. Auflage
Best.-Nr. 15514

V. Raymond Edman
Das befreite Leben

14 Persönlichkeiten beschreiben ihren geistlichen Wachstumsprozeß. Sie erlebten alle, wie die Fülle des Heiligen Geistes ihr Glaubensleben bereicherte: Hudson Taylor, John Bunyan, Amy Carmichael, Oswald Chambers, Charles Finney, Dwight Lyman Moody, Andrew Murray, Eugenia Price, Ian Thomas, Adoniram Gordon u.a.
Paperback
160 Seiten
Best.-Nr. 15352

Christus – Das Geheimnis Gottes

Nicht eine romantische Verklärung des Urchristentums und auch nicht das Festhalten an gewachsenen Traditionen ist heute an der Zeit. Weil Christus alles übersteigt, was wir über ihn zu wissen glauben, ist eine erneute Orientierung am Neuen Testament notwendig, wenn wir Dienst und Aufgabe unseres Herrn verstehen wollen.
Taschenbuch
192 Seiten
Best.-Nr. 15554

Samuel Furrer
Wachset in der Gnade

Predigten des Radiomissionars Samuel Furrer. Seine Geradlinigkeit und die unbekümmerte Ausdrucksweise werden auch den Leser beeindrucken.
Taschenbuch
96 Seiten
Best.-Nr. 15658

Nora Lam
Mein Auftrag: China für Christus

Unfaßbare Not und Qual mußte die Autorin durchmachen. Die Flucht vor den japanischen Invasionstruppen, die Ablehnung durch ihre Verwandten und schließlich die kommunistische Terrorherrschaft bringen sie immer wieder in verzweifelte Situationen. Aber sie lernt dabei, gerade in Schwierigkeiten auf Gottes Hilfe zu vertrauen. Und Gott hilft ihr: er läßt sie die Kugeln eines Exekutionskommandos überleben und zwölf Monate schwanger sein, damit ihr Kind in der Freiheit geboren wird. Immer wieder ist es die Kraft seines Heiligen Geistes, durch die Nora Lam überlebt und schließlich in den Dienst gerufen wird. Heute arbeitet sie als Radiomissionarin und Evangelistin.
Taschenbuch
224 Seiten
Best.-Nr. 15 558

Bruder Andrew
Wir wollen uns aufmachen und bauen

Der Autor legt in einem sehr persönlichen Bibelstudium das Buch Nehemia aus und schreibt eindringlich von der Faszination und dem Sinn, den ein totaler Einsatz für Gott bringt.
Taschenbuch
192 Seiten
Best.-Nr. 15567